中学生の質問箱

戦争するってどんなこと？

C・ダグラス・ラミス

平凡社

私たちの生きる社会はとても複雑で、よくわからないことだらけです。困った問題もたくさん抱えています。普通に暮らすのもなかなかタイヘンです。なんかおかしい、と考える人も増えてきました。

そんな社会を生きるとき、必要なのは、「疑問に思うこと」、「知ること」、「考えること」ではないでしょうか。裸の王様を見て、最初に「おかしい」と言ったのは大人ではありませんでした。中学生のみなさんには、ふと感じる素朴な疑問を大切にしてほしい。そうすれば、社会の見え方がちがってくるかもしれません。

中学生の質問箱

戦争するってどんなこと？

もくじ

はじめに

日本は1945年に第二次世界大戦で負けて以来、およそ70年の間、いちども戦争で人を殺したり、殺されたりしたことがありませんでした。ほかの国が日本に攻めてくることもありませんでしたし、日本がほかの国に行って軍事行動をしたこともありません。

いっぽう、日本の「同盟国《どうめいこく》」であるアメリカ合衆国は同じ期間に、朝鮮戦争、ベトナム戦争、湾岸戦争《わんがんせんそう》、アフガニスタン侵攻《しんこう》、イラク侵攻など大規模な戦争をはじめ、派兵や空爆などをふくめると世界中で30回ちかくの軍事行動をとっています。これは、大きなちがいです。

このちがいは、ひとつには日本に憲法9条（平和憲法）があったからだと思います。でも、これからはどうなるのかわかりません。

ぼくは1936年にアメリカ合衆国に生まれました。第二次世界大戦が終わったときは9歳でした。大学を卒業したあとアメリカ軍（以下米軍）の海兵隊で将校《しょうこう》として3年間任務につき、最後の1年を沖縄の基地で過ごしたことをきっかけに、1961年、大阪外国語大学で日本語を勉強しました。それが今もつづいている、ぼくと日本との実質的なかか

第二次世界大戦後にアメリカが軍事行動した場所

1950～53年の朝鮮戦争にはじまり、以後2014年までの間、アメリカは世界各地に軍を派遣、イラクなど何度も軍事行動している場所もあり、海外で軍事行動をしない期間が10年になったことは一度もありません。

第二次世界大戦後にアメリカが行った軍事行動

1950~53	朝鮮戦争
1958	レバノン派兵
1961	キューバ侵攻
1960~75	ベトナム戦争
1965~66	ドミニカ共和国派兵
1970	カンボジア侵攻
1971	ラオス侵攻
1982~84	レバノン派兵
1983~84	ニカラグア空爆
1983	グレナダ侵攻
1986	リビア空爆
1988	イラン航空機撃墜事件
1989	パナマ侵攻
1990~91	湾岸戦争
1992~94	ソマリア派兵
1993	イラク空爆
1994~95	ハイチ派兵
1995	ボスニア・ヘルツェゴビナ空爆
1996	イラク空爆
1998	アフガニスタン空爆
1998	イラク空爆
1999	コソボ空爆
2001	イラク空爆
2001~	アフガニスタン戦争
2003~11	イラク戦争
2003	リベリア派兵
2003	ハイチ派兵
2007	ソマリア空爆
2011	リビア攻撃

わりのはじまりでした。

そのとき、アメリカ海兵隊を除隊したばかりのぼくに、大阪外大の同級生たちはいろんなことを言いました。さまざまな考え方の学生たちでしたが、ほとんど全員が戦争反対で、彼らの言い方には共通点がありました。「私たちは戦争を知っています。体験しています。だから、私たちは二度と戦争には行かないし、子どもたちにも行かせません。だから、日本国憲法第9条にそう書いてあります」という言い方です。大阪が米軍により空襲されたのは、そのときから15年ほど前のことで、当時の大学生たちは小さな子どものころに空襲を経験したり、焼け野原になったあとの大阪を覚えていたのです。

戦争を知っている、戦争には行かない、だから憲法9条がある、という順番は、この人たちの意志が先で、憲法9条はあとということです。この人たちの心に憲法9条が書いてあったのだと思います。キリスト教を信じている学生でも、社会主義者の学生でも、特定の思想を持っていないサラリーマンになりたい学生でも、どんな考えの人もだいたい同じで、みんなこういう言い方でした。

それから十数年後、ぼくは東京の大学で教える仕事に就《つ》いて、再び日本で暮らしていました。そのころ、学生たちの言い方が変わっていることに気がつきました。彼らは、ぼくに話すときに、「憲法9条に戦争しないと書いてあります。だから私たちは戦争することができません」と言うのです。戦争しないということが、自分の意志決定ではなくて、憲法に命令されているのです。自分が主語ではなくて目的語になっていました。日本の人たちの「戦争をしない」という意志、平和憲法にかける思いが弱くなったと感じました。

そのころからおよそ40年が経《た》ちました。今、みなさんの思いはどうでしょうか？

たとえば、「ほかの国が自分たちの領土を取ろうとしたらどうする？」ときかれたら、あなたはどう答えるでしょうか？「武器を使ってでも守る！」と答えるかもしれません。べつな答えがあるかもしれません。「そんなことわからない！」と思うかもしれません。たしかに、簡単な問いではありません。

だから、戦争すること、あるいは戦争しないことについて、これから考えていきたいと思います。

まずは、戦後日本が戦争をしてこなかったこと、べつの言い方をすれば戦争できなかったことからお話ししましょう。

第1章

日本は戦争できないの?

——日本って、ほんとに戦争できないの？

「戦争」をどう定義するのか、また、「できない」とはどういう意味かによって、答えは変わります。戦争を物理的な面だけで定義すれば、集団暴力です。大きな組織をつくって、武器を持たせて、べつな大きな武器を持った組織と戦うことです。これを戦争の定義とします。

では、「できない」というのは、どういう意味でしょうか。物理的にできないということなのか、やってはいけないということなのか。

物理的にできるかということなら、今の日本は戦争をすることができます。戦争をする能力があります。自衛隊という組織があって、鉄砲や弾、ロケット、ミサイル、戦車、戦闘機、爆弾……そのほか必要な装備を持っていますから、戦争することができます。そして自衛隊員は人を殺す訓練も受けています。ですから、物理的に戦争することは可能です。

ところが、「やっていい」のか、つまり合法かどうか、となると話はべつです。現在の社会は各国が法律にもとづいてやっていいことと、やってはいけないことを定めている社会です。「合法」とは法律で認められているという意味です。

日本国憲法

第9条

日本国民は、正義と秩序を基調とする国際平和を誠実に希求し、国権の発動たる戦争と、武力による威嚇又は武力の行使は、国際紛争を解決する手段としては、永久にこれを放棄する。

2 前項の目的を達するため、陸海空軍その他の戦力は、これを保持しない。国の交戦権は、これを認めない。

他の国と争いになったとき、それを解決するために戦争したり、武力によって脅すことはしない。そのために、軍事力を持たないし、国に戦争する権利を認めない、という内容です。

戦争の物理的な定義にかんしては、あまり議論がありません。戦争とは組織同士の集団暴力だということは、だいたいみんなが認める定義です。ところが、戦争を法的に定義しようとすると、意見が分かれます。集団暴力でも合法でなければ戦争とは呼ばないで、暴動、テロ、犯罪行為と呼ぶ、という考え方もあります。合法でなくても行動が同じなら戦争だという考え方もあります。だれもが賛成する法的な戦争の定義はありません。

ところで、日本国憲法の第9条には「国の交戦権《こうせんけん》は、これを認めない」と書いてあります。交戦権とは、国が戦場で人を殺し、財産を破壊する権利です。

——人を殺し、財産を破壊する権利?

はい。世界的に認められている権利です。この権利の背景にあるのは、「近代国民国家は合法的に暴力を使う権利を独占しようとしている組織である」という考え方です。これは近代国家、つまり今世界中にある国々の定義のひとつです。

近代国家が合法的に持つ暴力は3つあります。警察権と刑罰権と交戦権です。

警察権によって、警察官はピストルを持っていて場合によって人を狙《ねら》って撃っても、任務として行った場合は合法です。容疑者を捕まえるために銀行強盗を撃っても、犯罪には

日本は国家が持つ暴力の権利のうち交戦権＝戦場で人を殺す権利を持っていない

なりません。国家が警察権という、人に対して暴力を使う権利を持っているからです。

近代国家が持つ２つめの合法的な暴力は刑罰権です。国家は裁判で有罪判決がでた人を監禁することができます。ふつうは人を監禁すると犯罪になりますが、裁判所が有罪と認めた人を国家が刑務所に監禁するのは刑罰です。数年間閉じ込めて外に出さない（これも暴力です）権利が国家に認められているからです。国によっては、監禁するだけでなく、殺すこともできます。裁判で死刑判決がでた人を殺す権利を国家に認めている場合です。死刑を廃止した国は多いですが、日本は廃止していません。日本では刑罰として国家が人を殺しても、殺人にはなりません。

３つめは交戦権で、戦場で人を殺す権利です。国にこの権利があれば、兵士が戦争で人を殺しても、それは殺人罪になりません。けれども、日本国憲法第９条には、「交戦権は、これを認めない」と書いてあります。

——日本は近代国家に認められている３つの暴力のうちひとつを持ってないってこと？

そうです。憲法に「認めない」と書いてあるので、日本には戦場で人を殺す権利はありません。すなわち、日本は合法的に戦争することはできません。

——でも、自衛のためならいいんでしょ？

あなたの言うように、たとえ交戦権が憲法で認められていなくても、国家には自衛のために戦う権利はもともと備わっている、という考えがあるのは確かです。日本で第二次世界大戦後ほとんどの期間政権を握っているのは自民党という政党ですが、自民党政府のなかにも、国家には自然権として「自衛権」がある、と考える人もいます。これについては、2つの問題があります。

ひとつは、国家は自然から生まれた組織ではなく、人為的《じんいてき》な組織だということ。人間がつくったものに自然権があるのは不思議です。

もうひとつは、国が持つ権利はだれがきめるのかという問題です。国家にどんな権利があるかは、国民国家は憲法で規定します。日本国憲法の三大原則——基本的人権の尊重、国民主権（主権在民）、平和（戦争の放棄）——でもはっきりしています。このなかの国民主権とは、国家が持つ権限はもともと国民が持っているもので、政府にどれだけの権限を委任するかが国民がつくった憲法に書いてある、ということです。その憲法ではっきりと「交戦権を認めない」と書いてあれば、政府には交戦権はないということです。憲法で「ない」と言っているから「ない」のです。

もうひとつ、興味ぶかいことがあります。それは、政府は自然権として戦争する権利があると言いながら、では、なぜ今まで戦争していないのか？　ということです。言っていることとはちがって、政府は現実には交戦権がないように行動しています。

──どういうこと？

自衛隊が最初に海外の紛争が起こりそうなところに派遣されたのは、１９９２年にカンボジアのＰＫＯ（国際連合平和維持活動）に参加したときでした。この派遣を前にＰＫＯ法（国際平和協力法）が国会で可決されました。

自衛隊を海外に派遣することについては、かつて日本が中国大陸や東南アジアに派兵して占領、戦線を拡大していった歴史があるために、また、憲法９条に違反するという考えもあって、それまでいちども行われてきませんでした。そのため、自衛隊を海外に派遣するためのＰＫＯ法については、激しい反対がありましたが、結局可決されました。

ＰＫＯ法は自衛隊が国連のＰＫＯ活動に参加していい、という法律です。武器の使用にかんする項目もあります。それによると、どういうときに武器を使えるかといえば、刑法36条、37条に該当する場合だけです。それ以外の場合に人に危害を与えることは許されていません。刑法36条は、正当防衛《せいとうぼうえい》の場合の行為は罰しないという法律で、37条は緊急避難《きんきゅうひなん》の条項で、危機を避けるためにやむをえずした行為を罰しないという法律です。

刑法36条、37条の意味は、私か私のそばにいる人をだれかが殺しにきたとき、それを止めようとして、またはそれを避けようとして、結果として殺しにきた人が死んでも、殺人罪にならない可能性がある、ということです。

もし日本国内であなたの身にこういうことが起こったら、まず警察がきて調べます。最初、あなたは逮捕《たいほ》されるかもしれません。警察がいろいろ調べて犯罪はなかったと判断してあなたを起訴《きそ》しないかもしれません。あるいは起訴されるかもしれませんが、その場合でも、裁判をとおして正当防衛が認められて無罪判決がでるかもしれません。36条、37条はそういう権利を定めたものです。

ぼくの国のアメリカでは、おどろくほど正当防衛は広く解釈されていますが、日本の場合はかなり限定されます。たとえばだれかがあなたを殺しにきて、うしろにドアがあるから逃げれば助かるかもしれないけれど、逃げないで戦ってその人を殺すと、それは日本の裁判所で正当防衛と認められるかどうか危《あや》うい。ほかに自分の命を助ける方法があるのに、

自衛隊は正当防衛と緊急避難の権利だけで海外に派遣されている

それを選ばないで戦うのは正当防衛と認められにくいのです。

このような権利しか持たないで、自衛隊は海外に派遣されています。それでＰＫＯ活動に行くとどうなるでしょう？　たとえばカンボジアでの場合、ＰＫＯの仕事には、反政府組織の妨害を防いで、選挙が無事に行われるようにすることも含まれていました。そのためには、国連軍は投票会場を囲んで戦線をつくります。そして、そこに反対勢力がくれば撃ちます。逃げれば追いかけませんが、選挙を妨害しようと攻撃してきた人には攻撃します。

自衛隊がその戦線に入ったとすると、それぞれの自衛隊員の命を守るためには、その場から逃げればいい、というよりも彼らには逃げる義務があります。逃げないで攻めてきた人を撃てば、その自衛隊員は刑法によって殺人罪に問われるかもしれないのです。

――なんかおかしくない？

はい。戦場なのに日本国内と同じ法律が適用されるのはおかしいです。けれども、実際に自衛隊の海外活動はこのような状態で行われています。攻撃されたとき、戦線から撤退するなら戦線の意味がありません。ですから自衛隊はＰＫＯ活動でこのような活動には参加せず、道路工事などを担当しました。

当たり前ですが、正当防衛の権利、緊急避難の権利だけでは軍事行動はできません。軍事行動は自分やちかくにいる人が危ないということで武器を使うのではなくて、相手が眠っているときや、相手が逃げているときも殺します。飛行機から爆弾を落とすこともあります。わざとほかの国に入って爆弾を落とすこともあります。ですから、ＰＫＯ法は軍事行動はできない法律です。

政府は自衛権があると言っていても、法的には憲法9条を守っているのです。おかげで私たちの知るかぎり、交戦権のもとでは自衛隊は人を殺したことはありません。交戦権があるかないかは、戦争で人を殺して、殺人犯になるか勲章をもらうか、大きなちがいになります。

ＰＫＯ法だけでなく、そのあとにつくられた周辺事態法などの自衛隊の海外活動に関する法律はどれも、かならず36条、37条の条項が入っています。憲法で交戦権が認められていないからです。それが入っているかぎり、合法的な軍事行動はできません。自衛隊は戦争をする組織になっていて、武器を持っていて、訓練もしているのに、軍事行動をとることができません。

自衛隊は戦争する組織で、武器もあって訓練もしているのに軍事行動はとれない

――やっぱりヘン！　それじゃ自衛隊の意味がないんじゃない？　どうしてそんな矛盾したことになってるの!?

それには、平和憲法ができた歴史的な経緯とその後の世界情勢の変化がかかわっています。まず、なぜ今のような日本国憲法ができたのかをお話ししましょう。

いわゆる平和憲法がどうしてできたのか、簡単に言えばいくつかの要素があげられます。

ひとつはいつできたか、ということ。

第二次世界大戦の直後にできました。この戦争は史上最大の多く人が殺された戦争でした。第一次世界大戦では空襲も少しはありましたが、第二次世界大戦の空襲はくらべものにならない規模でした。あちこちで空襲が行われました。中国の都市、ドイツの都市、イギリスの都市、日本の都市、そして沖縄――。空襲は町を完全に破壊し、膨大な人が殺されます。これほど人が殺された戦争はそれまでにはありませんでした。その戦争が終わった直後に平和憲法はつくられました。

そして、どこでできたか、ということ。

場所は、米軍による空襲で焼け野原となった東京でした。東京の真ん中に立ってどこを見ても地平線が見えた、と言われたほど、焼きつくされ平らになっていました。

米軍が入ってきたとき、場所によっては、まだ犠牲者の遺体が燃えている煙の臭《にお》いが消えていなかったかもしれません。「これはまちがっている」と見ればわかったはずです。この時代の武器で考えれば、軍事力で国を守ることはできない、と職業軍人でもわかったはずです。

また、アメリカ合衆国は広島と長崎に核爆弾を落としました。

ですから、日本国憲法は史上はじめて核が使われた国で、米軍が入って、日本政府がいて、日本の国民が注目している、という非常に特殊な時期、特殊な場所でつくられたのです。たいへん短い期間でしたが、アメリカは日本国民と連帯して日本政府を変えようとしました。アメリカ政府は、第二次世界大戦の体験で戦後の一時期、平和主義的な思想を持つようになったという説もあります。あるいは、そういう考えの人が軍隊のなかにいた、という説です。そうではなくて、アメリカが戦争した動機は日本の軍事力をなくすことだったから、平和憲法はその延長線上にあるという説もあります。

いずれにしても、アメリカ政府と日本国民の間には考え方のちがいがありましたが、重なるところもありました。大日本帝国政府には権力が多すぎる、と考えたことです。大日本帝国政府の権力を削《そ》ぐことはアメリカの戦争の目的でした。一方、日本国民は、自分た

焼け野原の東京

現在の墨田区〜江東区の上空から米軍によって撮影された写真。中央から左上に流れているのが大横川（運河）、上に広がるのが東京湾、右上に流れているのが隅田川。1945年3月10日の東京大空襲では、爆撃機279機により1665トンもの焼夷弾が投下されました。猛烈な火災で東京東部を中心におよそ41平方キロメートルがひと晩で焼きつくされ、犠牲者は10万人にのぼると推定されています。

（提供：東京大空襲震災資料センター）

ちは政府にずっと抑圧《よくあつ》されて、国家権力によってひどい戦争を体験することになったから、政府が持つ権力が多すぎると思いました。まったく別の観点から、アメリカ政府と日本国民は大日本帝国政府が持つ権力を減らそうと思い、一時期連帯して、国家権力を減らす憲法をつくったのです。

ですから、日本国憲法の特徴は平和憲法というだけではなくて、最初の1〜40条のほとんどが国家権力を減らすことを定めています。政府がやってはいけないことの長いリストのなかに、戦争をやってはいけない、ということも入っているのです。

この憲法がつくられた期間は非常に短く、1945年8月の日本の降伏後、10月から新しい憲法案の検討がはじめられ、1946年4月には「憲法改正草案」が公開されました。そのあと、占領軍、すなわちアメリカ政府の日本に対する態度が変わりはじめます。アメリカとソビエト連邦(現在のロシア。以下:ソ連)が対立を鮮明にしはじめ、いわゆる「冷戦《れいせん》」がはじまったからです。

日本国憲法は、戦争だけではなく
政府がやってはいけなことを、たくさん定めている

——冷戦ってなに?

第二次世界大戦ではソ連はアメリカ、イギリス、フランス、中国などの連合国側として参戦しましたが、戦後、アメリカを中心とした資本主義、民主主義の国々（西側諸国）と、ソ連を中心とした共産主義、社会主義の国々（東側諸国）とが激しく対立しました。「東西対立」とも言います。

世界大戦のような戦争にならなかったため「冷戦」と呼ばれていますが、この対立から中東戦争（１９４８〜73年）、朝鮮戦争（１９５０〜53年）、ベトナム戦争（１９６０〜75年）、アフガニスタン紛争（１９７８〜89年）などの多くの戦争が引き起こされました。また、アメリカとソ連による核戦争の恐怖も大きく、１９８９年にアメリカとソ連の首長が「冷戦終結」を宣言するまで、40年以上にわたり世界中を巻き込んで２つの陣営がにらみ合う緊張がつづきました。それが「冷戦体制」です。

第二次世界大戦の終戦直前から悪化しはじめた東西関係は、戦後すぐに対立を深めます。アメリカ政府はソ連と厳しく敵対する「冷戦体制」に入ったことで、日本を戦争ができない国ではなくて、ソ連との戦いの役に立つ国にしたくなりました。けれどもすでに憲法ができていて、９条をなくすことはできませんでした。

——憲法ができるのがもうちょっと遅かったら、９条はなくなってたってこと？

そうかもしれません。交戦権を認めない、世界でもめずらしい日本の憲法は、ほんとうに限られた時期、限られた場所だったからできたということはまちがいありません。

日本国憲法は占領軍のもとでつくられたことから、「押しつけ憲法」とも言われています。まちがいなく押しつけ憲法ですが、占領軍（アメリカ政府）と日本の国民が日本政府に押しつけた憲法でした。でも、その押しつける勢力からアメリカ政府は数ヵ月でぬけました。アメリカ政府は日本国憲法に9条を入れたことを早い時期から後悔しはじめます。

1950年、アメリカとソ連の対立が激化して朝鮮半島を北と南に分断して朝鮮戦争がはじまります。日本にいた米軍の多くは朝鮮半島に行ってしまいます。そのため、アメリカは、占領軍に代わって国内秩序を守るための組織が日本国内に必要だと判断し、その年に「警察予備隊」がつくられました。当時は、労働組合などのグループがストライキを起こしたり、デモをしたりして自分たちの意志を表して、かなり勢いがありましたから、それらを抑えるためでした。警察予備隊はのちに自衛隊となります。

あなたが疑問に思った「矛盾」はここからはじまったとも言えます。それから60年あまり、交戦権のないまま、自衛隊は最新鋭の武装をした大規模な組織となり、その状態で海外でも活動しているということです。

自衛隊は、最初「警察予備隊」として

国内の秩序維持のために米軍占領時代につくられた

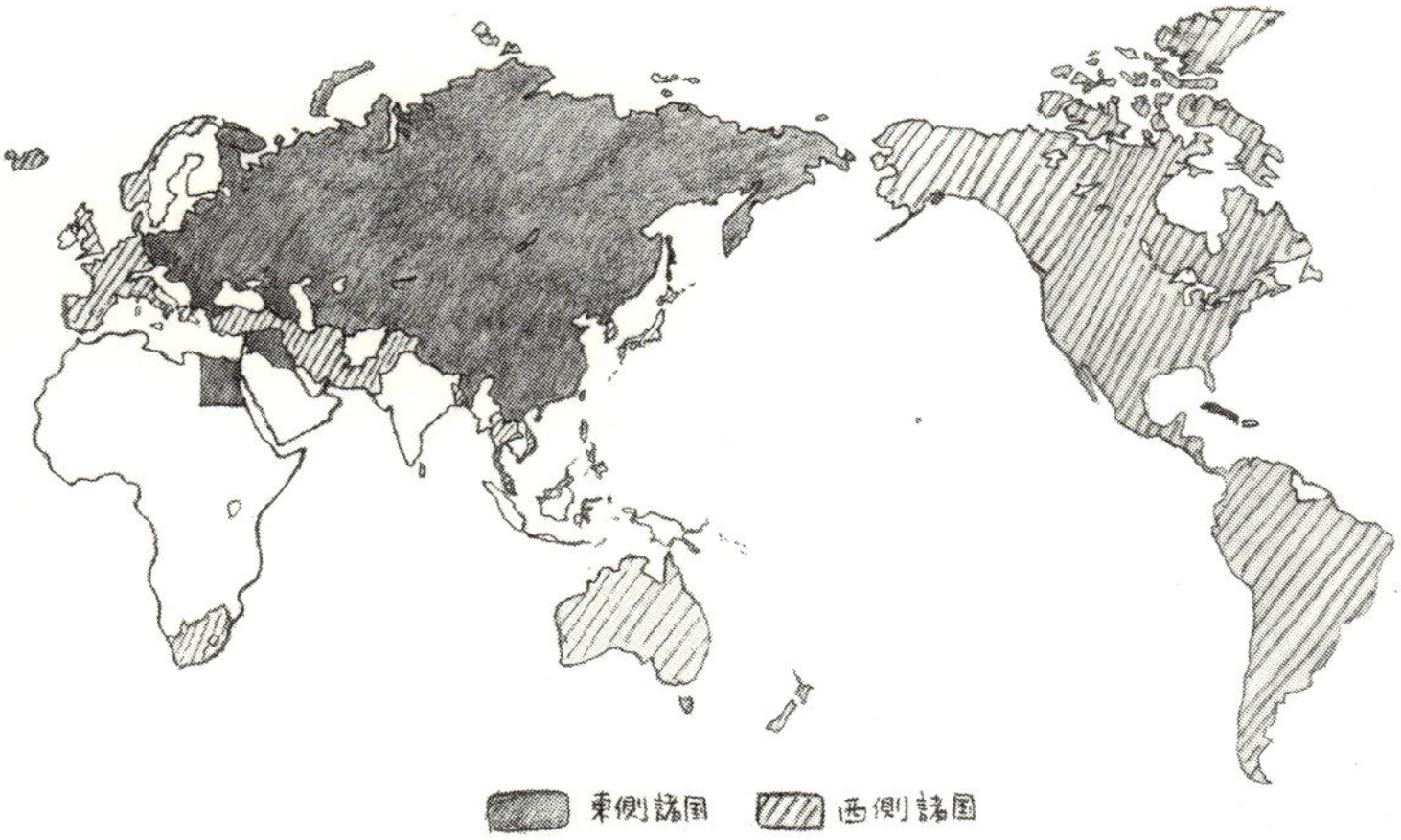

第二次世界大戦後、世界の国々はアメリカを中心とした「西側」とソ連を中心とした「東側」に分かれて対立します。1949年に中国に共産主義（＝東側）の国が成立し、アメリカは日本を東西対立の防衛線として位置づけるようになりました。

——どうして、何十年も矛盾したままなの？

軍隊を持たないほうがいいという平和思想を持つ人たちが、軍隊があったほうがいいという人たちと闘ってきた結果といえます。

現在もふくめ戦後のほとんどの期間、日本の政府と政府の支持者は平和思想を持っていません。戦争の時代に生まれた平和思想を持つ勢力は国民のなかにあります。平和勢力は戦後、ずっと日本のなかの平和思想を持たない勢力と対決して闘ってきました。少しずつ負けていますが、まだ少なくとも憲法9条の文章は変わっていませんし、今のところ日本政府は交戦権のもとで人を殺していません。軍事力復活勢力が勝てば憲法が変わって日本には軍隊があるはずですが、中途半端な自衛隊はできたけれども軍隊はできていません。

交戦権がないのに自衛隊を持っている、自衛隊は海外にも派遣されるけれども軍事行動には参加できない、という非常に不思議な矛盾した状況は、国民の一部の反戦勢力と、政府と国民の一部の軍事力があったほうがいいという勢力との闘いのなか、どちらの勢力も、完全に成功していない状態といえます。

ですから、この矛盾を解決するには2つの解決法が考えられます。

軍事行動できない自衛隊という矛盾した状態は
軍事力復活勢力と平和勢力の闘いで
どちらも完全には勝っていない結果！

ひとつは戦争できるように憲法を変えること。「交戦権を認めない」という憲法を、交戦権を認める憲法に変えれば、自衛隊は合法的に戦争できるようになって、軍事力を持っているのに戦争はできない、という矛盾は解消されます。軍事力復活勢力の勝利です。

もうひとつは、徹底的に憲法9条を実現することです。たとえ戦争をしていなくても、憲法9条は完全に実現されているとは言えません。徹底的に9条を実現するということは、自衛隊をなくし、日本国内にある米軍の基地もなくすということです（在日米軍については第5章でお話しします）。こうなれば、反戦平和勢力の勝利です。

最近、3つめがでてきました。憲法9条を無視すること、つまり、「解釈改憲」と言われる方法です。憲法の言葉を変えないで解釈を変える方法です。「9条を正しく読めば、戦争できると書いてある」と言っている人がいます。

もういちど、9条を読んでみましょう。

日本国憲法

第9条　日本国民は、正義と秩序を基調とする国際平和を誠実に希求し、国権の発動たる戦争と、武力による威嚇又は武力の行使は、国際紛争を解決

する手段としては、永久にこれを放棄する。

2　前項の目的を達するため、陸海空軍その他の戦力は、これを保持しない。国の交戦権は、これを認めない。

ここに戦争できる、と書いてあるでしょうか？　もし、それが言えるならなんでもありです。日本政府が日本のいちばん大きな町はパリである、と言うとか、私は空を飛べるとか、なんでも言えることになります。

――でも、もしほかの国から攻撃されたら戦うのが当たり前だと思うし、反撃もできないのはおかしいんじゃない？

たしかに、日本国憲法は世界でもめずらしい憲法です。交戦権を認めないという言葉はほかの国の憲法にはないと思います。軍隊を持たない国はあります。たとえば、コスタリカは軍隊は持っていませんが、憲法に交戦権を持っていないとは書いてありません。ほかにも軍隊を持たない国はあります。小さい国は軍隊をつくっても勝てませんから、軍隊があってもしょうがないのです。でも、交戦権という権利を放棄している国はめずらしいです。

ですから、日本の平和憲法を非常識だと言う人もいます。その通りです。では、常識はどういう世界をつくったでしょうか。

すべての国家には正当な暴力の権利として交戦権がある、という考え方は20世紀の歴史をつくりました。それは、国家の暴力によって殺された人が史上最大の世紀となりました。新記録です。これほど人々が政府によって殺されたことは、歴史の記録がはじまってからありませんでした。昔から戦争はありましたが、20世紀は人を殺す技術がどんどん進んで大量破壊兵器によって桁外《けたはず》れに多くの人が殺されました。また、軍需産業がこれほど巨大化したのも20世紀でした。

――技術が進んだから殺される人も増えただけじゃない？　昔から国はそれぞれ軍隊を持っていたと思うけど。

国は戦争する権利があるというのが今も世界の常識ですから、あなたがそう思うのはわかります。ぼく自身、中学・高校のとき、国には軍事力が必要だと思っていました。だから、海兵隊に志願しました。軍隊が必要と思っても志願しない人になりたくなかったからです。あとでわかったことは、ぼくは「戦争をするとはどういうことか」、「戦争をするのは当たり前だと思うこと」はどういうことか、理解していなかったということです。ですから、「戦争をするのは当たり前と思う」とはどういうことか、あなたと一緒にこの本を通して考えていきたいと思います。

第2章

戦争ってどんなことするの？

――戦争に行ったら兵士はどんなことするの？

兵士の仕事は敵《てき》を殺すことです。

日本では戦争というと、国のために死ぬとか、命をかけるとかのイメージが浮かんでくるかもしれません。第二次世界大戦のときの太平洋戦争でたくさんの兵士が亡くなりましたから、そういう歴史的な体験の影響だと思います。けれども、死ぬのは兵士の仕事ではありません。ぼくは3年間海兵隊で任務についていて、予備役の期間も入れれば10年間になりますが、その間死ぬ訓練をしたことはいちどもありません。死ぬとすれば、それは失敗で、訓練がたりなかったか運がわるかったということです。

ほかの組織とちがって軍の特徴は人を殺すことです。ですから兵士の仕事は殺すことで、もちろん、反対に相手に殺されるかもしれません。

人は人を殺すことに対して心のなかに抵抗があります。普通の社会で育てられた人なら、簡単には人を殺せません。相手を「殺せ」と言われたからといって、なかなかできるものではないのです。ですから、兵士の訓練では、死ぬかもしれないという恐怖を愛国心などで乗り越えるようにする訓練とともに、相手を殺せるように、殺すことに対する抵抗を乗

兵士の仕事は人を殺すこと。
それができるようになるために、敵を憎むように訓練される

り越えるための訓練をします。この訓練を受けることから、兵士の仕事がはじまります。

――どうやったら、人を殺せるようになるの？

訓練を通して、なるべく敵を憎《にく》むようにしていきます。敵（あるいは仮想敵）は人間以下の存在と思えば、殺しやすくなります。相手を動物にたとえるとか。相手は悪だとか。アメリカ軍が中東で戦争しはじめたとき、新しい差別用語がたくさん発明されました。「ラグヘッド（ぞうきん頭）」というのは、中東の男性が頭にターバンを巻いているから。黒人差別の言葉「ニガー」と砂漠の「サンド（砂）」をあわせて「サンドニガー」というのもあります。

――軍隊で差別用語を教えてるの？

軍が公式に差別用語を使っているわけではありません。訓練のマニュアルには書いてありません。敵をおとしめる差別用語は、訓練を支配している軍曹《ぐんそう》の伝統にあります。相手を差別して人間以下だと思わせなければ殺せるようにならないからです。

ひとつの映像があります。

２００７年にイラクで通信社ロイターのカメラマンとスタッフら十数人が米軍ヘリの攻撃により殺害されるという事件がありました。このとき攻撃したヘリコプターが録画していた銃照準器からの映像がウィキリークスによって公開されました（http://collateralmurder.com/）。映像ではヘリの兵士たちと通信している上官の声もきくことができます。その映像に写されていたのは次のようなことです。

市街地の上空でヘリコプターの兵士が７〜８人のイラク人と思われる人たちが歩いているところを見つけます。そのなかの１人が武器を持っているように見えたので、兵士は通信を通して本部に「撃っていいですか？　撃っていいですか？」ときいて、了解を得るとババババババと銃撃してほとんど全員を殺します。

硝煙《しょうえん》がおさまると怪我《けが》を負ったひとりが道路脇をはっているのが見えます。ヘリの兵士たちは殺したいけれどその人は武器を持っていないから撃てないので、「早く武器をとれ」と言っています。そこへワゴン車がきて、数人で怪我人を車に乗せようとすると、ヘリの兵士はその人たちも撃ち殺し、車も銃撃して使えなくします。

その後、米軍の地上部隊が到着します。地上の兵士はワゴン車のなかに怪我を負った２人の子どもを見つけ、基地の病院まで連れていくと言いますが、通信している上官が、「ダメ。イラク警察がきて地元の病院に連れていくでしょう」と言う声がきこえます。

あとになって殺したのがロイターのカメラマンたちだったとわかった米軍は、カメラを武器とまちがえたと説明しています。たしかに、この事件はヘリコプターの兵士のまちがいから起きました。カメラを武器とまちがえ、移動式ロケットランチャーを持っていると思って攻撃しました。

戦争という極限状態でしたし、兵士はまだ若いです。イラクに派兵されているのはだいたい高校を卒業したくらいの18歳くらい〜20歳くらい、若い人が多いのです。まちがうこともあるでしょう。けれども、その態度はおそろしいものです。銃撃のあと、道路上に倒れて動かない姿を見て「おお、みんな死んでる。ナイス」とコメントしています。あとで到着した米軍の装甲車が遺体の上を通ったら、ヘリの兵士は「今、死体を轢《ひ》いた」「ほんとに？」と言って笑い合っていました。

――え？　笑ったの？

はい。遺体にたいする尊敬とか、遺体を踏みつけるのは異常だという感覚が見られません。戦争に参加している兵士全員ではありませんが、そういう態度にならないと戦争はやりにくいのです。個人的に悪いというより、戦争とはこういうものなのです。

一方、訓練を受けて戦争に行っても敵の兵士を殺せない人がいます。第二次世界大戦が終わってから調査した人がいるのですが、戦線まででていたアメリカ人兵士のなかで、相手の体をねらって撃つことができなかった人が半分以上いました。自分の鉄砲からでた弾がほかの人の体に入って肉体を破壊するということができない、という人が相当数いたのです。


――そういう人が本当にいたんだ。


はい。戦場にでても、相手を殺せずに帰ってきた人も大勢いました。

また、訓練を受けて、心の準備ができていると思っていても、はじめて人を殺したときにはいろんな反応がでます。ヒステリーになって泣きだしたり、銃を投げて吐いたり、泣きながら「ごめんなさい」「ごめんなさい」と言ったり。人を殺したことに対する否定、拒絶反応が体からでてくるのです。

そういう反応はよくあることですから、米軍ではそうなると叱られるのではなく、慰《なぐさ》め

はじめて人を殺したとき
兵士にはさまざまな拒否反応がでる

られます。「大丈夫、慣《な》れるから。最初はみんなそうだから」と言われます。しばらくすれば回復して、実際に慣れて、できるようになる人が多いのです。

――そうしている間に、さっきのヘリの兵士みたいになっていくの？


全員ではありませんが、戦争の現場でそういうふうに適応していく人もあります。

ぼくが海兵隊にいる間、アメリカは戦争に参加しなかったので、ぼくは戦場に行ったことがありません。だからぼくも戦場はどんなところかわかっていないと思います。

ぼくの友人でもあったアレン・ネルソンさんの話を紹介したいと思います。

アレンさんはアメリカの貧しい家庭に生まれ、非常に苦しい少年時代をすごして、1日3食の食事が食べられるから、という理由で海兵隊に志願したそうです。食事はでるし、かっこいい服も着られるし、秩序のある生活ができるからです。アレンさんは1960～70年代にアメリカが参戦したベトナム戦争を海兵隊の兵士として経験しました。

彼はいつも「戦場に行っていちばん最初におどろいたのは音楽がなかったことだ」と言っていました。戦争映画の戦闘シーンにはたいてい音楽がついています。反戦映画でも同じで、音楽によって、なにか大きな意味があるような感じを与えるようにつくられています。けれどもベトナムのジャングルには音楽はありません。

そして、また映画にないのは戦場の臭《にお》いだといいます。人の腐《くさ》っている遺体の臭いです。それにハエ。アレンさんは、死につつある仲間の頭をひざにおいて、手でハエがこないように払っていたとき、その仲間が死んだ瞬間に顔いちめんにハエがたかって、払いのけることができなくなったそうです。「ハエはわかる」と言いました。

――むごたらしい……。

それが映画や戦争博物館にはない戦場の現実だそうです。

アレンさんの話で、次のような記憶に残った話があります。

ベトナム戦争では敵と戦う場所がどこなのかはっきりしません。敵であるベトナム解放戦線はゲリラ戦をしているからです。ですから、米軍はジャングルのなかをパトロールします。30人くらいの部隊でジャングルのなかを巡回して1日で帰ってきます。

ある日、パトロールに行って、敵のわなに落ちて両側からバーッと撃たれて、撤退しないといけない状態になりました。ところが、仲間のひとりに弾が当たって、彼の頭の骨の後ろ半分が落ちて脳みそが見えていたそうです。これでは手当ての方法がありません。この人はもう助かりません。絶対死ぬことがわかっています。死ぬのは時間の問題です。でも彼には意識があって騒いでいました。撃たれてパニックになってわーっと声をあげている。

けれども連れて帰るわけにいきません。どうするかというと、彼に説明するのです。「ごめんなさい。おまえは死んでる。まだわかってないけど、死んでる。たばこに火をつけてあげるから、このたばこを吸ってここに座って待ちなさい。じゃさよなら」と言ってアレンさんたちは歩きだしました。でも彼は言うことをきかないで、わめきながらついてきます。すると、「じゃあ、もう1本たばこをあげるから、ついてこないで」ともう1本たばこをあげた。それでも、彼はついてきた。

海兵隊のスローガンは、「海兵隊はほかの海兵隊を必ず助ける」です。けれども戦場ではそうはいかない場合があります。ほかの人が生き残るためにだれかを犠牲《ぎせい》にしなければならないこともあるのが戦場です。

兵士は戦場で、「人を殺す」「殺されるかもしれない」「仲間が殺される」などいくつものストレスにさらされる

戦争に行ったら兵士はなにをするのか、あなたのはじめの質問に完璧《かんぺき》に答えることはできませんが、兵士の仕事のもっとも大きな特徴は人を殺すことです。そのために兵士は命を落とすかもしれないし、大きな怪我を負うかもしれないという身体的な危険にさらされているだけでなく、「人を殺す」という非常に大きなストレスに加えて、「自分が死ぬかも

しれない」、「自分を殺そうとしている人間がいる」というストレス、「仲間が殺される」という何重もの精神的なストレスにもさらされています。
アレンさんは、はじめてぼくに会ったとき、会った瞬間からこのベトナム戦争のパトロールでのできごとを一気に話しだしました。衝動的に話しているようでした。２００９年に亡くなりましたが、死の間際にも戦争の記憶がでてきて、泣いていたそうです。

――心が傷ついていたんだね……。

戦場での過酷な体験、はげしいストレスが、兵士に精神的な異常をもたらすことは、第一次世界大戦時から知られるようになりました。それ以前の戦争でも兵士の多くがおかしくなりましたが、第一次世界大戦のとき新しく研究されるようになったばかりの心理学によって、それは精神的な異常、つまり病気だとわかりました。
『西部戦線異状なし』（エーリッヒ・マリア・レマルク）はいちばん有名でいちばん偉大な反戦小説だと思いますが、舞台となった第一次世界大戦では多くの犠牲を出した塹壕戦《ざんごうせん》が５年にもおよびました。兵士たちは敵の砲弾、とくに発明されたばかりの機関銃の砲弾から身を守るために掘った狭い塹壕のなかで、いつはじまるかわからない敵の砲撃に備えて待機しつづけなければなりません。雨が降れば全身泥《どろ》だらけです。衛生状態も悪く伝染病が流行《はや》ったり、寒さによる凍傷なども兵士たちを苦しめました。

精神的にも身体的にもものすごいストレスがかかり、兵士たちはさまざまな症状を示すようになります。体が固くなってぜんぜん動かなくなったり、手足が麻痺《まひ》したり、あるいは痙攣《けいれん》したり、毎晩のように悪夢を見たり、泣きだしたり、食べものが食べられなくなるなど、さまざまな形で現れました。

このような状態では兵士として働けません。そのため戦争をしている各国では、治療のために心理学や精神医学に取り組みはじめました。イギリスは精神病院のようなところを用意してカウンセリングして治そうとしました。けれども、「治る」というのは、「もう一度塹壕に行ってもいい」と言えるようになることでした。

――えっ、また戦場に行かなきゃいけなかったの？

はい。当然、治らない人も多く、社会的な問題にもなりました。

第二次世界大戦後の米軍の研究によると、だいたい60日間ずっと戦場にいれば、98％の兵士に精神的な異常の徴候《ちょうこう》がでるということがわかりました。

そこで、米軍はひとりの人が60日以上つづけて戦場にいることのないように兵士を交代させることにしました。「R＆R（レスト＆レクリエーション）」といって、兵士に休養と娯楽のための休暇をとらせるようにしました。ベトナム戦争のときは、ベトナムからタイに行ったり、東京や沖縄で休暇をとらせました。イラクでは娯楽施設がととのった巨大な基地があって、兵士たちは一定の期間、戦場を離れてお酒を飲んだり、わいわいやったりして、ふたたび戦場にもどりました。占拠された国の人たちにはそういう贅沢《ぜいたく》はありませんが、米軍にはできます。

――休暇に出たら、もうもどりたくないよね。

実際、ベトナム戦争のときには休暇先などから脱走する人がたくさんありました。余談になりますが、当時日本でも米軍の脱走を助ける活動がありました。「ベトナムに平和を！　市民連合（ベ平連）」というベトナム戦争に反対する運動のなかで、日本での休暇中に米軍から脱走した兵士をスウェーデンへ送ったり自宅にかくまったり、逃走を手伝っていました。

――そんなことがあったの？　なんか映画みたい。

そうですね。ベトナム戦争では、米軍からの脱走はとくにたくさんありました。なぜ地球の反対側にある小さな貧しい国で戦争をすることが「国を守る」ことになるのか、納得できなかった米軍兵士が多かったのです。ある米陸軍研究所の論文によると、１９６４年から73年の間、44万４０００人の米軍兵士が脱走しました。また、当時アメリカは徴兵制でしたが、政府が認めた兵役拒否者は17万２０００人、兵役拒否を含めあらゆる方法で兵役を逃れた人は57万人にのぼるそうです。そのうち10万人はカナダやスウェーデンなど海外へ亡命しました。法的には兵役拒否や脱走は厳しく処罰することになっていましたが、人数が多すぎるので、政府はあまり処罰できませんでした。ちなみに、その後アメリカでは徴兵制はなくなり志願制になったため脱走は減りましたが、それでも２０００年以降4万人の米兵が脱走したそうです。

——ええーっ、ベトナム戦争のときは脱走した人が44万人、兵役につかなかった人が57万人、あわせて100万人以上!? 2000年からの脱走兵4万人も多いね。

脱走は相当な覚悟のいることです。それでもこれだけ多くの兵士が脱走しているのは、戦場がどれほど過酷なところか、あるいはどれほど理不尽なところかを示していると言えるでしょう。

そして戦場での体験が兵士に与える精神的な影響には、ＰＴＳＤ（心的外傷後ストレス障害）もあります。戦争しているときは、なんとかなるけれども、戦争が終わってからいろいろな症状が現れます。

自分の任期か戦争が終わって帰ってきたあと、悪夢で眠れないとか、大きな音がきこえたら敵がきたと思って、たとえば友だちと道を歩いていて、バン！ と大きな音がしたら倒れて隠れるとか、あるいは、夢のなかで敵が殺しにきていると思って、そばにいる人を敵だと思って殺そうとするとか。実際殺す場合もあります。ＰＴＳＤによる自殺も多く、精神が安定しないため就職もできずにホームレスになる人もたくさんいます。

そして、不思議なことですが、ＰＴＳＤが治ったと思っていた人が、何十年も経っても、また戦争がはじまって、テレビで戦争の場面を見ると、PTSDが復活することがあります。おそろしい記憶がなかなか心から消えないのです。

アレン・ネルソンさんもベトナム戦争から帰ってきて、お母さんのところにもどりましたが、毎夜悪夢を見て騒ぐので、身の危険を感じたお母さんに追いだされて、数年間ホームレスでした。ちょっとよくなって結婚したあとで、悪夢を見てベトナム解放戦線の兵士がちかづいていると思って大きなランプを持って奥さんをなぐろうとしたところ、子どもが間に入って、「お父さん、それはお母さんだよ、やめて」と言われてわれに返った。それで彼はカウンセリングを受けはじめたそうです。

戦争に行った人のなかには、戦争が終わったら、普通の生活にもどる人もいますが、一生死ぬまで戦争の記憶がついてくる人もいます。

——戦争で死んだり大きな怪我を負わなくても、人生がめちゃめちゃになることもあるんだね。

そうです。それが現実です。

ここまでは兵士たちについてでしたが、今度は、戦争そのものがどういうことをしているのか、どういう結果をもたらしているのかをお話ししましょう。

ひとつは、戦争は兵士以外の人をより多く殺しています。

——どういうこと？

戦争状態において守るべき義務を定めた戦時国際法では、兵士以外の人、非戦闘員をわざと殺してはいけないことになっています。軍人はほかの軍人しか殺さないというのが理想的な正義の戦争のイメージです。中世の軍隊同士の戦いなど、昔はそういう戦争があったと思います。現在でも、海戦（船対船）と空戦（飛行機対飛行機）なら、近くに兵士以外の人はいませんから、殺されるのは兵士だけでしょう。

けれども、戦争に勝とうと思えば土地をとらなければなりません。陸上には人が住んでいます。一般の人も戦争に巻き込まれざるをえません。

とくに問題なのが空襲、飛行機による攻撃です。

19世紀後半、フランスやドイツ、イギリス、アメリカなど各国で飛行機を発明しようとする人たちがいました。もうすぐできそう、という予測もありました。そのころ飛行機に興味を示したのは、ＳＦ小説の作家でした。未来の技術を予想して物語にするＳＦ小説は

飛行機が実現する前から空襲が予測されていた

ちょうどこのころに生まれました。『月世界旅行』（１８６５年）、『海底二万里』（１８７０年）などのジュール・ベルヌや『タイムマシン』（１８９５年）、『宇宙戦争』（１８９８年）などのＨ・Ｇ・ウェルズが有名です。そしてＳＦ小説の作家は、もし空を飛べる飛行機が発明されれば、それを空襲に使えるということも予測しました。ベルヌの『征服者ロビュール（Robur-le-conquerant）』（１８８６年）には、アフリカの先住民が飛行機に空襲されているイラストが載っています。

また、ライト兄弟が初飛行に成功した１９０３年から間もなく、１９０８年のウェルズの『The War in the Air（空の戦争）』には、ニューヨーク市が空襲によって燃えているイラストも載っています。飛行機が軍用に使われるようになる前です。

――やっぱり考えるよね。空から爆弾を落とせたら圧倒的に有利だもん。

そうですね。当然、飛行機による爆撃には、軍事戦略を考える人たち、国際法を考える法律学者たちも関心を寄せました。飛行機ができたら、どのような空襲を許すのか、どのような空襲を許さないのか議論がはじまり、いくつかの考えがだされました。

ひとつは、兵士しか殺してはいけない、だから軍事基地や軍しかいない戦線は空襲してもいいがほかはだめという考えです。戦線に武器や食料を運ぶ鉄道とかトラックは空襲してもいい、運転手が民間人（非戦闘員）だったとしてもしょうがない、という考えもでてきました。

次の段階は弾とか爆弾とか、武器をつくっている工場も空襲していい、という考え。それも戦争にかかわっているのだから空襲してもいいじゃないか、というわけです。昼は労働者がいるから、夜だけ空襲していいという説と、昼でもいいという説がありました。

そしてその次の段階は、どこでもいいというもの。普通の人が住んでいる市や町を空襲したほうがかえって人道的という考えもでてきました。なぜかといえば、それで戦争が早く終わるからです。住民が住む町を毎日空爆すれば、その人たちは自分の政府に「戦争をやめろ」と圧力をかけて戦争が早く終わる、だから結果的に死者が少なくなる、だからより人道的、という論理です。

――人が住んでる町を空襲するほうが人道的？　そんな無茶な！

無茶苦茶な論理に思えますが、アメリカは同じ論理で、広島と長崎への原爆投下を、戦争を早く終わらせたということで人道的だとしています。今でもアメリカの多くの人が

H・G・ウェルズの『The War in the Air』の挿絵に描かれた、空襲を受けて炎に包まれるニューヨーク。
Sven Lindqvist『A History of Bombing』The New Press より

そう思っています。

——ほんとに？

はい。アメリカ政府は一貫してそのような見方を示していますし、多くのアメリカ国民もその考えに疑問を持っていません。そして、米国だけではありません。核兵器は軍人と民間人を区別できませんので、核兵器を持っている政府のすべてが「皆殺し」という戦略を使う準備があるということです。

空襲について話をつづけましょう。

軍用の飛行機が実用化されて、最初に空襲されたのは有色人種でした。第一次世界大戦以前、北アフリカや中東のヨーロッパの植民地で抵抗や反乱があったときに空襲しました。第一次世界大戦では、ヨーロッパ人同士の空襲がありましたが、まだ飛行機の性能がよくありませんでした。

第二次世界大戦になると、技術が進んでおそろしい空襲ができるようになりました。イギリスはヒトラーと戦うのには空襲しかないと決めて、ドイツの都市に無差別空襲をはじめました。日本は中国の都市に無差別空襲しました。

20世紀の戦争で殺されているのは90％が民間人という説もある

昼間は対空砲によって攻撃されますから、空襲は夜に行います。どこが工場かどこが住宅か夜間に上空から見分けるのは困難です。だから町全体に爆弾を落とす無差別空襲です。この戦争の方法は、それまでになかった物理的な現象を起こしました。英語でfire stormと言いますが、町全体が嵐のような火事になります。爆撃によって、非常に熱い空気が空まであがると、周囲から空気が暴風となって吸い込まれ、酸素が供給されてさらに炎が勢いを増す現象で、多くの死者をだします。

ハンブルクやドレスデンなどドイツの都市、東京や大阪はじめ日本の都市でもこの現象が起こりました。当時の日本の住宅の多くは木と紙でできていましたから、火をおこす焼《しょう》夷《い》弾《だん》が使われ、猛《もう》烈《れつ》な火災が起きました。

当然ですが、都市への無差別空襲の犠牲者はほとんどが一般の人々です。

そして広島、長崎へ原爆が投下されました。究極の無差別殺人です。

現在にいたるまで20世紀の戦争は、非戦闘員、一般の人々を兵士よりもずっと多く殺しています。戦争の死傷者の数を知ることは非常にむずかしいです。戦死者の10％だけが兵士で、90％が民間人だとよく言われますが、その数字を疑う人もいます。第二次世界大戦による戦死者数は5000万から8000万人で、そのうちの民間人の数は3800万から5500万人という推定があります（この数字には餓死と病気による戦死も入っています）。それなら68〜75％が民間人になります。

――第二次世界大戦後の戦争でも一般の人が殺されているの？

そうです。都市への大規模な無差別空襲は行われなくなりましたが、今も民間人の犠牲が多いことは変わりありません。それは使われている兵器からもわかります。

たとえば米軍の兵器を見てみましょう。

米軍は、「ピンポイント攻撃」という言葉をつかって、軍隊しか殺していないと宣伝しています。たしかに、ピンポイント攻撃のためのロケットも使っていますが、そうではない武器、爆弾を今でも使っています。

たとえば、ＣＢＵ－75クラスター爆弾、「Sadeye（悲しい目）」と呼ばれる爆弾があります。この２０００トン爆弾のなかに、１８００個の小さい爆弾が入っています。それぞれの小さい爆弾のなかには、ＴＮＴ爆薬が入っていて、その爆薬には６００個のかみそりほど鋭利な鉄製の破片が埋められています。

ＣＢＵ－75は爆発すると、１８００個の小さい爆弾がフットボールのグラウンド１５７面ぐらいの領域に散らばってから爆発します。その場所にいる生きもの――兵士も民間人も犬も鳥も――はすべて死ぬでしょう。また、飛び散った爆弾のなかにはそのときに爆発しないのもあり、何年も経ってから子どもが不発弾の犠牲になることがよくあります。

小型車くらいもある大きなＢＬＵ－82Ｂ、「Daisy Cutter（雑草刈り）」という爆弾も持っていました。普通の戦闘機ではなくＣ１３０という戦車も運べる輸送機でないと運べません。この爆弾が落とされたのを見て、原爆だと思った目撃者がいるほどです。下にいる生きものは全部殺す爆弾です。これはベトナム戦争とその後の戦争によく使われました。２００８年に廃棄されましたが、その代わりにさらに大きなＧＢＵ－43Ｂが開発されました。「Massive Ordinance Air Blast (MOAB)（大規模爆風兵器）」と呼ばれるもので、「Mother of All Bombs」というあだ名があります。これは一時期核兵器以外でもっとも大きな爆弾だという評判でした。さらに２００７年には、ロシアでこの4倍ぐらいの破壊力を持つ「FOAB = Father of All Bombs」という爆弾が開発されました。

そのほかにも、たとえばＣＢＵ－72Ｂという燃料気化爆弾があります。なかには酸化エチレンという燃料が入っています。これは２回爆発します。１回めの爆発で酸化エチレンが気化してグラウンドぐらいの広さに広がります。２回めでそれに火をつけ、あたりの空気が爆発します。

この爆弾は３つの方法で人を殺します。１つは人が地面にいた場合、燃えて死にます。

2つめは、もし防空壕に入っていても、2回めの爆発が膨大な空気を一気に吸うので、あたりが一瞬真空状態になって、肺が破裂して死にます。3つめは、2回めの爆発が失敗した場合、気化したガソリンを吸って死にます。1発での殺傷面積が広いので、「貧者の原爆」というあだ名もついています。米軍は湾岸戦争（1990〜91年）でこれを254発使用し、今でも持っています。

こういう武器を持っているということは、いくら軍隊しか殺さないと宣伝していても、兵器のなかに無差別殺傷の意図が入っています。

もちろん米軍は核兵器も持っています。核兵器は最大の無差別殺人兵器です。爆心地から500メートル以内の生きているものを一瞬で殺します。広島では原爆投下直後だけで12万人以上、長崎も同様に7万人以上が犠牲となりました（5年後には広島の犠牲者は20万人、長崎の犠牲者は14万人と言われています。原爆による被曝はその後現在にいたるまで被曝者たちを世代を超えて苦しめています）。

アメリカ政府は広島、長崎に核爆弾を使ったことを謝罪したことはありません。それには理由があります。謝罪は二度としない、という意味です。人を殴って「ごめんなさい」と言って、また殴ってまた「ごめんなさい」と言うのは謝罪ではありません。アメリカ政府はまたやるかもしれないから謝罪しないのです。

米軍は無差別殺傷兵器も持っている
核兵器は最大の無差別殺人兵器

つまり、アメリカの軍事戦略のなかに核兵器を使うかもしれないということが入っています。

——え、ほんとにまた核兵器を使うかもしれないの？

もちろん、アメリカを含め核兵器を持つどの政府も核兵器はできれば使いたくありません。とくに核兵器を持っている国に対して使いたくありません。相手もやりかえしますから。なるべく使わない、これが核による抑止力《よくしりょく》です。けれども、「使わない」というメッセージを与えたら、抑止力になりません。「使うかもしれない」ということを相手に思わせて、はじめて抑止力になります。

でも、理性的で正常な人は核兵器は使いません。核兵器を使えば、その町の子どもも老人も観光客も自分の国の大使も動物もみんな死にますから。通常の感性のある人間にはできません。そこで、自分の政府か軍の執行部にちょっとクレイジーな人もいて、怒ってコントロールを失って使うかもしれない、と相手に思わせなければなりません。冷戦時代に、アメリカのニクソン大統領はそれを「狂った男戦略（mad-man strategy）」と呼んでいました。

核の抑止力とは、そういう危険なことなのです。

——お互いに脅《おど》しあってるんだね。

脅しでだけでなく、使うことも含まれています。

1984年の大統領選挙に、ジェラルディン・フェラーロさんが民主党の副大統領候補として出馬しました。初の女性の副大統領候補でした。選挙期間中に、ぼくは彼女の記者会見をラジオできました。

ある記者が「あなたは選挙に勝てば副大統領になります。大統領が病気になったり死亡した場合、大統領になります。大統領になったら核攻撃をはじめる命令権を持つことになりますが、あなたは女性として核攻撃をはじめられますか？」と質問した。冷戦の時代でしたから、ソ連が核攻撃をはじめたという情報が入れば、ただちにアメリカも核で反撃しなければなりませんでした。女性だから、その覚悟があるのか疑われたのです。彼女は、その前に平和的な解決を図るとかいろいろ言って明言を避けようとしましたが、最後には声を固くして、「でも、できます」と言いました。そう言わないと副大統領になる資格がないからです。

冷戦は終わりましたが、今でもアメリカの核戦略には、「使う」ことも入っています。

今でもアメリカの軍事戦略には核兵器を使うことも入っている

可能性は高くないかもしれませんが、今後、絶対に使われないとはかぎりません。核のおそろしいところです。

21世紀に入ってからアメリカはまた新しい殺し方をしはじめました。それはドローン（無人飛行機）からロケットを発射して、人を殺すやりかたです。これは「戦争」よりも「暗殺」と呼んだほうがいいでしょう。アフガニスタン、イラク、パキスタンなどの中東の国で使っています。アメリカ政府によると、これを使うことによって、殺される非戦闘員の割合が少なくなると宣伝していますが、確認できません。なぜなら、アメリカ政府は死者の数を秘密にしているからです。しかし確実なのは、殺す側では、死者がゼロだということです。その飛行機の「機長」はアメリカにいて、コーヒーを飲みながらスクリーンを見て操縦しているからです。

――無人の飛行機で上空から攻撃するのって、なんかずるい気がする。

そうですね。でも、現実に戦場でも、戦場でないところでも行われています。戦闘地域以外でも無人飛行機が巡回し、それらしい人や車を見つけたら攻撃しています。２０１３

年12月には、アラビア半島のイエメンで、結婚式に向かう車の列が無人飛行機に攻撃されて、少なくとも13人が殺されるということがありました。

さて、現在の戦争は、一般の人を多く殺すだけでなく、より多くの人の生活を奪っています。

戦争や紛争がはじまって危険を感じた人々は戦闘を避けて着のみ着のまま逃げます。人が住んでいる場所を戦場にすると、そこに住む人たちの故郷と生活基盤を奪います。国内や国外に避難した人々の多くには住む場所も仕事も学校もなく、自立して生きていくことができません。このような人たちのことを難民《なんみん》といいます。

第二次世界大戦以後の戦争は膨大な数の難民を生んでいます。各地に難民キャンプがつくられ、永年にわたり故郷にもどれない場合もあります。難民キャンプで生まれて年をとって孫もいる、という人もいます。

たとえば、１９４８年のアラブ・イスラエル戦争によって75万人もが住む場所を追われてパレスチナ難民となりました。国連はパレスチナ難民救済事業機関（ＵＮＲＷＡ）を設立してパレスチナ難民への支援を行ってきましたが、現在、ＵＮＲＷＡが支援する難民の数は４７０万人にのぼります。故郷に帰れないまま、世代を超えて70年ちかくも難民とし

現在、戦争で難民となった人は4520万人
全世界の人々の155人にひとりが難民

て生きることを余儀なくされているのです。

現在でも各地で難民が生まれつづけています。世界各地で難民支援を行っている国連難民高等弁務官事務所（UNHCR）によると、戦争や紛争のたびに避難を強いられる人は増えつづけていて、現在、4520万人にのぼるとしています。世界の人口が70億人と言われていますから、155人にひとりが難民ということになります。

――そんなに？

はい。戦争はこれほど多くの人々の生活を奪っています。UNHCRの活動資金は各国の自発的な拠出に頼っていますが、2012年に必要だった活動費3590億円のうち63％しか集まらなかったそうです。世界的に大きな負担ともなっています。

また、殺されたり、住む場所を追われたりということ以外に、国内の生活も変わります。戦争がはじまったら、あるいは戦争の恐怖が高まったら、国内の弾圧が厳しくなります。だれもが愛国心を持たなくてはなりません。戦争を支持しない人は「裏切りもの」「売国《ばいこく》奴《ど》」と言われたりします。戦争に行きたくない人は、「臆病者《おくびょうもの》」などと言われます。

第二次世界大戦のときは、アメリカで日系人が収容所に入れられました。アメリカ生まれアメリカ育ちでも、どんな思想を持っていても、「日系人」ということだけで収容されました。日本やドイツ、イタリアについては改めて話すまでもなく、少しでも疑問を口にしたら逮捕されました。

戦争をしていると、自由な社会ではいられなくなるのです。

それに人々の心も変わります。

お話ししたように、普通の人は人を殺すことに抵抗があります。代理体験として殺人シーンのある映画をみたりゲームで楽しむことはありますが、実際に人を殺すことはなかなかできません。

ところが、戦争になると、たくさんの若者がその抵抗をなくす訓練をうけます。そして戦場に行って、若者たちが実際に人を殺す経験をして、それに慣れたら、さらに心のなかの抵抗が破壊されます。戦争から帰ってきたら、もう二度と殺したくないという人もいれば、殺人に対する抵抗が低くなったままの人もある程度います。

あるいは、軍隊に入らなくても、戦争している国には人を殺す話、自分の国が人を殺しているというニュースが毎日報道され、敵側の人が殺されたら、「イェーイ」「ばんざい！」と喜びます。敵だったら人を殺すのはいいこと、喜ぶこと、という雰囲気《ふんいき》になります。

――人が殺されて、つまり人を殺して喜ぶの？

そうです。そうすると、国内の犯罪、とくに暴力犯罪、殺人などがだいたい増えます。社会のなかの犯罪率はだいたいあがります。ある研究者は、たくさんの国の統計を集めました。戦争した場合、犯罪率がどう変わるかという統計です。半分以上の戦争した国の殺人犯罪率が10％以上あがって、なかには2倍以上あがった国もありました。人の感性が鈍くなって、命の大切さが軽くなる影響だと思います。

――兵士もたいへんな目にあうし、普通の人もたくさん殺されるし、難民の数もはんぱじゃない。なのにどうして戦争はなくならないの？

そう思いますよね。残念ながらいくつかの理由があると思います。次の章でお話ししましょう。

第3章

どうして戦争はなくならないの?

――どうしてたくさんの人がひどい目にあうのに、戦争はなくならないの？

あなたの言うとおり、世界中で多くの人の命と生活が奪われつづけています。命と生活の大事さを考えるとたいへん不思議なことです。

第二次世界大戦後、地球上で起こった戦争の数は、250くらいという説もあります。戦争をどう定義するかで、変わってきます。ゼロという答えもあります。宣戦布告した国がひとつもないから、軍事行動だけれども戦争とは言えない、という主張です。500人以上死なないと戦争として認めないなど、勝手な定義もあります。定義によって、戦争の数は0か250か、その間の100とかさまざまですが、とにかく集団的な殺し合いはたくさんありました。なかでも国のなかでの戦争がいちばん多くありました。

どうしてこんなにも戦争が繰り返されてきたのでしょうか。

戦争について考えるとき、戦争の目的が見えると、本質の一部が見えてきます。どうして人間は戦争をするのか、「目的」という視点で見てみましょう。

大昔の戦争は集団的に盗むこと、あるグループが別のグループからなにかを盗むことでした。たとえば古代ローマでは、都市や町に対しての戦争に勝てば、司令官は兵士を自由

第二次世界大戦後の主な戦争

1945~49	インドネシア独立戦争	(vs オランダ)
1945~62	アルジェリア戦争	(vs フランス)
1946~54	インドシナ戦争	(ベトナム、ラオス、カンボジア vs フランス)
1946~49	ギリシア内戦	
1946~49	国共内戦	
1947~71	インド・パキスタン戦争	
1948	第一次中東戦争	(イスラエル vs 周辺アラブ諸国、アラブ人部隊など)
1950~53	朝鮮戦争	(北朝鮮軍、中国軍 vs 韓国軍、国連軍)
1954~75	ベトナム戦争	(米国、南ベトナム vs 北ベトナム、南ベトナム民族解放戦線)
1956	ハンガリー動乱	(vs ソ連)
1956	第二次中東戦争	(イスラエル、イギリス、フランス vs エジプト)
1959~75	ラオス内戦	
1959	チベット動乱	(vs 中国)
1962	キューバ危機	(キューバ、ソ連 vs 米国)
1962~69	イエメン内戦	
1965~84	チャド内戦	
1967	第三次中東戦争	(イスラエル vs エジプト、シリア、ヨルダン)
1967~70	ナイジェリア内戦	
1968	チェコ事件	(vs ソ連・ワルシャワ条約機構軍)
1969~98	北アイルランド紛争	(北アイルランド政府、アルスター防衛軍 vs IRA)
1970~93	カンボジア内戦	
1970~2012	フィリピン内戦	
1973	第四次中東戦争	(イスラエル vs エジプト、シリアほか)
1973~91	西サハラ紛争	(ポリサリオ戦線 vs モロッコ、モーリタニア)
1974	キプロス紛争	(ギリシア vs トルコ)
1975~76	レバノン内戦	
1975~89	ナミビア独立戦争	(南西アフリカ人民機構 vs 南アフリカ共和国政府軍)
1975~99	東ティモール紛争	(vs インドネシア)
1975~2002	アンゴラ内戦	
1977~78	エチオピア・ソマリア紛争	
1977~79	ウガンダ・タンザニア戦争	
1979	中越戦争	(中国 vs ベトナム)
1979~89	アフガニスタン侵攻	(vs ソ連)
1979~91	ベトナム・カンボジア紛争	
1980~88	イラン・イラク戦争	
1980~90	ニカラグア内戦	
1982	レバノン侵攻	(vs イスラエル)
1982	フォークランド紛争	(イギリス vs アルゼンチン)
1983~2009	スリランカ内戦	
1990~94	ルワンダ内戦	
1991	湾岸戦争	(イラク vs アメリカ、イギリス、クウェート、サウジアラビアほか)
1991~2000	ユーゴスラビア内戦	
1998~2002	コンゴ内戦	
2001~	アフガニスタン戦争	(アメリカ、NATO ほか vs タリバーン政権ほか)
2003~11	イラク戦争	(vs アメリカ、イギリスそのほか有志連合)

にして、兵士は市街に入って略奪《りゃくだつ》していいことになっていました。略奪というのは価値あるものを暴力的に相手から奪い取ることです。相手の武器、お金、宝石や金銀など。女性や子どもを奴隷《どれい》として連れてかえったり、女性をその場で強姦《ごうかん》（無理やり力尽くで性交すること）したりしました。

「強姦」は英語で「rape」ですが、「rape」のもうひとつの意味は「略奪」です。南京大虐殺《なんきんだいぎゃくさつ》は英語では「the rape of Nanking」と言います。辞書で「rape」を調べると、「（女性を）強姦すること」、「（戦争などで国や町を）略奪すること」と載っています。戦場で男性兵士が女性を強姦することはよく起きます。男性が女性を弾圧することと戦争とは、精神的に非常に深い関係があります。

ローマ時代の兵士には給料はありませんでしたから、戦争は、勝てばたくさんのものを持ってかえることができるチャンスでした。負けた場合は損をすることになります。大昔の戦争は、集団強盗、それに加えて勝てば女性を征服できる機会でした。

――**原始的……。**

はい。戦争の原始的な形といえると思います。今では集団強盗のような戦争は国際的に

大昔の戦争は集団強盗。
でも、今の戦争もその側面は完全になくなっていない

認められていませんが、戦争からその側面が完全になくなったとは言えません。

戦争の目的が、領土《りょうど》の場合もあります。そこに住んでいる人を追いだして自分の土地にするか、住民を支配下において利用したり奴隷にすることもあります。古代ローマの場合は占領した土地の住民に高い税金を納めさせました。もっとちかい過去――近代や現代では低賃金で働く労働者を支配下におくという形になることもあります。ヨーロッパとアメリカがアジア、アフリカと中南米でつくった植民地がそうです。

領土が目的の戦争は遠い昔の話ではありません。

ぼくの出身地カリフォルニアは、アメリカが1846～48年のメキシコとの戦争で自分のものにした土地です。ネバダ、ユタ、テキサス、ニューメキシコ、アリゾナもそうです。ぼくの生まれ育ったサンフランシスコはじめ、カリフォルニアの地名は、ロサンジェルス、サンタクララ、サンホセ、シエラネバダなど、ほとんどがスペイン語です。

カリフォルニアより東、アメリカの多くの土地も先住民との戦争で奪いとったものです。形式的に契約した場合もありますが、力で自分たちの土地を拡大していきました。

第二次世界大戦では、ドイツ、イタリア、日本が国土を拡張しようとして戦争しましたが、負けて反対に小さくなりました。

ところで、アメリカは1991年の湾岸戦争、1993年、1996年、1998年、

2001年の空爆、2003〜2011年のイラク戦争と、どうしてイラクとばかり（空爆をふくめて）戦争していると思いますか？

——ぜんぜんわかんない。

アメリカ政府はサダム・フセインが独裁者《どくさいしゃ》だから、イラクを民主化したのだと言っています。けれども悪い政権で国民が苦しんでいる国はほかにもいくらでもありますが、アメリカは侵略《しんりゃく》しません。仲良くしている国もあります。アパルトヘイト時代の南アフリカ、ピノチェト独裁政権のチリ、フジモリ独裁のときのペルー、例はたくさんありますが、たぶんもっとも興味ぶかいのが湾岸戦争以前のサダム・フセイン独裁のイラクでしょう。アメリカは少し前までサダム・フセインとは仲良くしていたのです。

ところで、現在、世界中が経済成長しています。エネルギーはじめ多くの資源が必要ですが、資源にはかぎりがあります。ところが資本主義経済はかぎりなく成長をつづけなければなりません。そのため、資源をめぐって熾烈《しれつ》な競争が繰り広げられています。

イラクの地下には、世界で2番めくらいの石油資源があるそうです。もうちょっとよく調べれば世界一かもしれないそうです。だから、アメリカはその石油を支配したい、とい

石油や水など
資源をめぐる戦争もある（かもしれない）

う大きな動機があったと思います。石油にかぎらず天然ガスや鉱物、水やほかの資源についても、豊富な国と不足する国の間でどうやって分配の問題を解決するか、それが戦争という形になる場合もあると思います。

また、宗教戦争と呼ばれる戦争もあります。泥棒の場合は、ただ物が欲しいから取りますが、宗教戦争になると、自分たちの宗教を信じない人たちは悪で、殺すべき存在である、と人を殺すのが目的になります。もっとも、宗教対立による戦争でも、じつは領土が目的だったり、両方の動機がごちゃまぜになっている場合もあります。

キリスト教の歴史のなかにも宗教戦争はたくさんあります。11～13世紀にかけて、ヨーロッパのキリスト教の国々はイスラームの国から聖地エルサレムを奪い返すために十字軍による遠征を何度も行いました。16～17世紀には、ヨーロッパのなかでカトリックとプロテスタントの勢力がいくつも戦争を繰り返しました。

そして、現在にも宗教戦争は見られます。２００１年9月11日、ニューヨークの超高層ビル２棟やワシントンの国防総省（ペンタゴン）に大型旅客機が突っ込み、３０００人以上の犠牲者を出したテロが起きました。このテロを起こしたとして、アメリカが標的としたアルカーイダやその支持者たちは「ジハード」という言葉を「宗教戦争」という意味で使っています。

——キリスト教対イスラームの戦いって聞いたことがある。

そうかもしれませんね。9・11のテロの直後、当時のブッシュ大統領が「テロに対する戦争」を宣言したとき、「十字軍」という言葉を使いました。アメリカは正式にはキリスト教国家ではありませんから、政府ははっきり宗教戦争だとは言えません。批判されてブッシュはその後この言葉は使いませんでしたが、「宗教戦争」の気持ちは入っていました。

9・11の攻撃のあと、アメリカのなかでアラブ人とまちがえられてインド人が殺されたり、アラブ人っぽい人が道を歩いていて殺されるということが何件もありました。ブッシュだけでなく、アメリカの人々のなかにも宗教戦争の気持ちがあったのです。

また、国をつくるため、国家権力を手に入れるための戦争もあります。ほかの国との戦争ではなく国のなかでの戦争です。

国家をつくるのに、武装組織をつくって、近くの村々と戦争して支配下においていくという方法があります。このようにしてできた国はたくさんあります。日本もそうです。明治政府は西郷隆盛《さいごうたかもり》の軍と戦った西南戦争など、国内での戦争に勝って国家を確立しました。

このような戦争は現在でもあります。世界で起こっている戦争のかなりの多くが、国民

国家権力を手にいれて国家を確立させるための国のなかでの戦争もある

の一部と政府との戦争で、軍隊の相手は国民（または政府が国民にしようとしている人々）です。それぞれの政府は国全体を支配できていないので、支配下にない人たち、国民にしようと思っている人に対して戦争しています。たとえばアフガニスタンとイラクで今そのような戦争がつづいています。

朝鮮戦争とベトナム戦争はちょっとちがって、その国以外の勢力によって、別々の国にされてしまいました。朝鮮戦争では、北の軍は「おまえたちは北朝鮮の人なんだ」と言って相手を殺し、南の軍は「おまえたちは韓国人なんだ」と互いに自分たちの主張を押しつけ合いながら殺していました（朝鮮戦争は休戦中でまだ終わっていません）。ベトナム戦争でも、お互いに同じ国民にしようと殺し合いました。

――国内で、お互いに「自分の言うことを聞け」と言って殺し合ってる？

そうです。国家権力のための戦争が、民族間の戦争という形をとる場合もあります。アフリカの地図を見ると、国境線に直線が目立ちます。19～20世紀にかけて競ってアフリカを植民地にしたヨーロッパ諸国が、自分たちの都合で決めた境界線が国境線として残っているためです。多様な民族が互いに交易し、ときに争いながら、独自の言語や歴史をもって暮らしていた土地に、それにお構いなく、フランス、オランダ、ドイツ、ベルギー、イギリスなどのヨーロッパ諸国のせめぎあいで引かれた境界線のなかには、いくつもの民族が暮らし、また、境界線をまたいで暮らしている民族もありました。

のちに植民地から独立するとき、それぞれの地域は植民地の形のまま独立しました。するとどの民族が国を支配するかということが問題になります。国家権力は大きな力を持っています。軍隊も持つし、警察も支配できます。あまり好きではない民族を弾圧することもできます。そのため民族同士が対立し、内乱が多く起きています。１９９０年代はじめにフツとツチの民族間の内戦となったルワンダでは、１００日間に１００万人ともいわれるツチの人々が殺された大虐殺も起こりました。

「民族浄化」という言葉を生んだユーゴスラビア紛争（１９９１〜２０００年）でも、多民族国家だったユーゴスラビアで民族同士が殺し合いました。ぼくの友人にユーゴスラビア出身のセルビア人がいます。彼の奥さんはクロアチア人で、親戚が集まればセルビア人、クロアチア人が仲良くしていました。こういう結婚はめずらしくなく、両親がちがう民族という子どももたくさんいました。

一部の若い人たちが狂信的な民族主義になって、クロアチア人は「あなたはセルビア人だから殺す」、セルビア人は「あなたはクロアチア人だから殺す」ということがはじまっ

植民地から独立した国では
国家権力をめぐって民族間の戦争になるところが多い

て戦争になりました。

——親戚同士が殺し合ったの？

そういうこともあったらしいです。民族間の紛争がはじまったとき、友人は非常に悲しそうにぼくに言いました。「セルビア人とクロアチア人のちがいがわかりますか？　クロアチア人は砂糖をコーヒーに入れて飲み、セルビア人は砂糖を口に入れてからコーヒーを飲むんです」と。隣人として共存していた民族が互いに殺し合いました。

国内の弾圧が目的の戦争もあります。

あるメキシコ人が「どうしてメキシコには軍隊があると思う？」とききました。メキシコは北米大陸の南に位置し、隣りあう主な国は北側のアメリカ合衆国と南のグアテマラです。グアテマラとメキシコは戦争をしたこともないし、両国ともするつもりもありません。また、アメリカの軍隊とメキシコの軍隊が戦争しても、メキシコが勝つわけありませんから、アメリカと戦争する気もありません。とすると、メキシコの軍隊は隣の国との間で仕事がありません。それなのに軍隊があるのはなんのためか。答えはメキシコの国内で治安が悪くなったところに送るため、です。たとえば、１９９４年、チアパス州で先住民のインディオが不満を表現しようと蜂起《ほうき》したら軍隊が送られ鎮圧《ちんあつ》されました。

フィリピンの軍隊も第二次世界大戦以降、国内でしか人を殺していません。２０１４年3月に和平が合意されましたが、フィリピン軍は40年以上にわたってフィリピン政府に対立する人たちとミンダナオで戦争していました。２００２年にインドネシアの占領から独立した東ティモールでも、インドネシア軍は20年以上にわたって「きみたちはインドネシア人だ」と言って人々を殺してきました。

軍隊がなんのためにあるかといえば、国内に使うためという国はたくさんあるのです。

――自分の国の軍隊に攻撃されるって、ほかの国と戦争するよりコワイ気がする。

そうかもしれません。第1章で、日本の自衛隊もいちばん最初の相手は日本国民だったことはお話ししましたが、現在の自衛隊法にも任務として「防衛」とともに「公共の秩序の維持」が記されています。

自衛隊法

第三条　自衛隊は、我が国の平和と独立を守り、国の安全を保つため、直

接侵略及び間接侵略に対し我が国を防衛することを主たる任務とし、必要に応じ、公共の秩序の維持に当たるものとする。

——東日本大震災や伊豆大島の台風災害など、被災地での自衛隊は頼りになってやさしいイメージなんだけど。

自衛隊の仮想相手には日本国民も入っている

それはそのとおりです。そういうとき、彼らの軍事力、つまり武器の訓練はまったく役にたちません。つまり「軍隊」ではなく「レスキュー隊」になります。けれども、軍隊としての自衛隊の軍事行動の仮想相手には日本国民も入っているのです。軍隊はかならずしも国民にやさしくて、国民を守って、国民が安心安全な生活をおくれるように動くとはかぎりません。国家の暴力は外にも向かっているし、なかにも向かっているのです。

また、国内弾圧が目的の場合、実際には戦争をしないやり方もあります。もっと厳しい弾圧的な政策をとりたい政府は、外国にけんかを売って戦争状態をつくります。そういう状態だと、人権を棚上《たなあ》げにして言論の自由を制限して新聞や出版物を検閲《けんえつ》したり、極端な場合では戒厳令《かいげんれい》のような状態にして、起訴《きそ》なしで逮捕《たいほ》、監禁《かんきん》ができるようになります。秘密法案のようなものを可決することもできます。

たとえば、共産主義のソ連との緊張が高まった冷戦時代の１９５０年代、アメリカではマッカーシズムと呼ばれる弾圧がありました。共産主義者や共産主義に興味がある人、共産主義の友だちがいる人などが批判され、さまざまな組織では、そういう人を探し出して追放するなどの運動が大規模に展開されました。

――そんなことをやったの？　アメリカの人たちは反対しなかったの？

反対する人はいたけれども少なかったのです。ソ連との核戦争の脅威《きょうい》が高まるなか、反対しづらい、反対してはいけないような雰囲気《ふんいき》が社会にあったからです。もちろん、冷戦の相手国であったソ連のなかでの抑圧はもっと厳しかったです。

また、２００１年9月11日のテロ攻撃を受けて、ブッシュ大統領が「対テロ戦争」のはじまりを宣言した1ヵ月あまりあとの10月には「愛国者法（Patriot Act）」ができました。これは政府の権限を拡大して、一般市民から個人情報をこっそりとたくさんスパイできるようにするものです。２０１３年にエドワード・スノーデンによって、アメリカ政府が国民の電話やメールなどの交流すべての情報を記録しているということが暴露《ばくろ》されました。

国が国同士の間の緊張感を高めて戦争にちかづくような政策をとる場合、政府が言っている目的は、本当の目的ではない場合もあります。たとえば「この領土は自分たちのもので、守らなければいけない」と言っていても、本当は国内の戦争状態がほしい場合もあります。

ここ数年、日本と中国はお互いにそうやっていると思います。

国がほかの国との緊張を高めるとき、ほんとうは政府に対する怒りを国外に向けさせたいこともある

——どういうこと？

２０１２年９月に政府が尖閣諸島《せんかくしょとう》を国有化したことをきっかけに、日中関係が悪くなっていますね。日本の政権を握る自民党はずっと前から、日本国憲法のなにが悪いかというと９条だけでなく、人権ばかり書いてあって義務が書いてない、と言っています。大日本帝国憲法の時代、人々が臣民《しんみん》（当時は「国民」ではなく、天皇の家来《けらい》という意味の「臣民」でした）の責任を義務として果たしていた時代のようにしたいのです。

それを実現するために、戦争状態をつくって、怒りを相手国にむけて、政府に対する怒りを減らし、国民がひとつとなって、あまり自由のない状態にしています。ですから、中国が船や飛行機をだして尖閣諸島にちかづくと、日本政府は大喜びで、内心では「ありがとう」と言っていると思います。緊張が高まってちょうどいいのです。

中国も同じです。２０１２年４月に当時東京都知事だった石原慎太郎《いしはらしんたろう》が東京都のお金を

使って尖閣諸島を買うと言いだしたとき、中国政府は喜んだと思います。日本も中国も、国内の問題から国民の目をそらして国内をつくりなおしたい、という動機があるのです。

――そうなの？　ほんとかなぁ。

ほんとうかどうか、政府の人に確認することはできませんが、「秘密保護法《ひみつほごほう》（特定秘密の保護に関する法律）」は、２０１３年に成立しています。安全保障にかんする国の秘密について、情報をもらした人に対する罰則を強くする法律です。国民の知る権利が制限され、国民主権、民主主義が脅《おびや》かされるという批判もありましたが、その声は十分でなく、大多数の国民が反対することなく、政府は簡単に成立させることができました。

ここまでお話ししてきたのはどれも国家が戦争をする（あるいは戦争状態にする）目的でしたが、私的な目的もあります。

領土の拡張や石油の支配など、国家が戦争する目的は、勝てば達成できますが、負ければできません。それだけでなく大きな損害も被《こうむ》ります。ところが、勝っても負けても得をする勢力があります。それは軍需産業です。自分の国が負けても武器は売れるので儲かります。可能なら戦争をしている両側の国に売れるといちばん儲かります。自分の工場が戦争で破壊されれば損失を受けますが、それがなければ非常に儲かる商売です。

資本主義産業の問題点のひとつは、消費率を上げることです。50年間乗れる車をつくろうと思えばつくれますが、それだとみんなが車を持ったら買う人がいなくなって自動車会社がつぶれますから、壊れる車をつくらなければなりません。車でもなんでも毎年買ってもらえるよう、つぎつぎに新商品をつくって売り出しています。

武器の場合、戦争があれば、たとえば鉄砲の弾や爆弾は1回で爆発しますから、また買わなければなりません。飛行機が落ちても、また買わなければなりません。とても消費率が高い、とてもいい商売です。戦争がないときでも、軍隊はいつも最新鋭の武器や戦車、戦艦《せんかん》、航空機が必要ですから、軍需産業はいい商売ですが、戦争がはじまったらとくにいい商売です。ですから当然、「戦争しよう」という勢力のうらに軍需産業があるんじゃないかという考え方があります。

戦争は消費率の高いとてもいい商売

――やっぱりそうなの？

そういう面もあると思います。軍需産業を批判する人たちは、「死の商人」というあだ名を与えています。

さて、以上の戦争の目的はどれも批判、否定しやすいものですが、簡単に批判できない戦争の目的もあります。防衛《ぼうえい》のための戦争です。

国連（国際連合）という国際機関には現在では数ヵ国を除く世界のほとんどの国が加盟しています。第二次世界大戦の連合国側の国々によって、2度の世界大戦による悲惨《ひさん》な被害の反省から、基本的人権と国際平和維持を目的として戦後間もない1945年10月に設立されました。その主旨を条約にした「国連憲章《けんしょう》」は、各国の守るべき基準となっていますが、そのなかで認められている戦争は、武力による攻撃があった場合、つまり防衛戦争だけです。

防衛戦争には2種類あると思います。

ひとつは、国連憲章に書かれているように、別の国が軍隊を動かして自国の領土に入った、あるいは入ろうとしている場合に反撃する戦争。もうひとつは何十年、あるいは百年ほど前にほかの国の軍隊が入ってきて自分の国が植民地にされている場合に、その支配から解放されるための戦争。これは防衛戦争の延長戦と考えていいと思います。

これらの防衛戦争の場合、それを批判するのはむずかしいです。なぜそうするのかという説明も必要ありません。当たり前に感じます。「ほかに方法がない」、「戦争は好きじゃ

国連憲章で認めているのは
武力による攻撃があった場合の防衛戦争だけ

ないけれども、仕方がない」という言い方が一般的です。

ところが、戦争以外にほかに防衛のやり方はあります。なぜかみんなこのやり方を無視しようとしていますが、方法はあります。「非暴力抵抗」です。

――非暴力抵抗？

はい。非暴力抵抗については、第6章でお話ししましょう。

ところで、もし、どの国も国連憲章のこのルールを守り、どこかに攻め込まれなければ戦争をはじめないとすると、どこにも戦争は起こらないはずです。しかし、現実には、世界各地で多くの戦争が起こり、それぞれの戦争ではどちらの側も「防衛戦争」と呼んでいます。アメリカのブッシュ大統領は、テロとの戦いにおいて防衛のための先制攻撃（攻撃される前にこちら側から攻撃すること）もできる、という考えを表しました。「防衛」を広い意味に解釈すれば、どんなときにも「防衛」になるというわけです。

「集団強盗」「領土」「資源」「宗教」「国家権力」「国内弾圧」「軍需産業の儲け」――ここまで、戦争の「目的」についてかけ足でお話ししてきました。今日でも、これらの目的のために戦争が起こっています。戦争がなくならない理由の一部は戦争の目的にあると言えます。

――こういう目的のために、すごい数の普通の人が殺されたり、住む場所や生活基盤を奪われているってこと？　なんか納得できない。

戦争やその他の社会の動きは、ひとつの原因や目的で起こるものではありません。さまざまな要素が絡《から》みあっています。戦争がなくならない理由には、今の世界の成り立ち方、構造的な問題もあげることができると思います。

国家権力のための戦争として、アフリカの例をあげました。ヨーロッパ諸国の都合で勝手に境界線を引かれ分割されたアフリカ大陸では、植民地からの独立後も、ひとつの国のなかでも社会的、文化的、民族的に多様です。植民地にされる前にはなかった国家という大きな組織となったことで、その権力を争う紛争《ふんそう》（戦争）が民族の間であとをたちません。

これには、植民地時代につくられた問題が解決できていないという側面があります。いわば、植民地時代が残した問題で、紛争が引き起こされる構造的な要因となっています。

――戦争が起きやすい社会構造になってるってこと？

はい。また、経済も戦争の構造的要因と言っていいと思います。

1929年、世界は大不況《だいふきょう》に見舞《みま》われ何年間もなかなかそこから脱出することができませんでした。仕事がなく、アメリカでは労働者の収入が恐慌前の4分の1くらいにまで落ち込みました。お金がなければ、ものを買えない。買ってもらえなければ会社は儲からない。会社が儲からなければ労働者を雇《やと》うことができない、という悪循環です。この悪循環を断ち切るため、アメリカ政府は公共事業や福祉《ふくし》、環境保護などのための労働者を雇いました。「ニューディール政策」と呼ばれています。ところが、アメリカは資本主義思想の国ですから、この政策を社会主義的だと考える人が多く、大規模な政府の支出は反対されて十分なお金を出すことができず、経済は回復しませんでした。

アメリカの経済が回復したのは第二次世界大戦がはじまったからです。1941年12月の日本軍による真珠湾攻撃《しんじゅわんこうげき》からアメリカは戦争に突入します。戦争となれば政府は批判されずにお金が出せます。膨大な数の武器や弾薬、何千機もの飛行機を買います。戦争がそれら大量の生産をもたらし、アメリカ経済は回復できたのです。

——軍需産業だけじゃなくて、国としてもやりようによっては、戦争してるほうが経済がよくなるってこと？

勝てば、ですね。勝つだけではなくて、アメリカのように相手の国で戦争すると、国の経済にも特需《とくじゅ》（そのときだけの需要増加）をもたらして、景気がよくなることはあります。問題は、戦争が終わったら特需も終わるので、次の戦争を求める「戦争中毒」になることです。アメリカは第二次世界大戦のあとも、冷戦でソ連との軍備競争をエスカレートさせ、戦争中と同じくらいの軍事費を出しつづけ、平和経済にはもどりませんでした。

現在にいたるまで、毎年政府から莫大《ばくだい》なお金が軍需産業に流れています。それによるお金の循環は膨大《ぼうだい》です。たとえばシアトルの経済の中心はボーイングという航空会社ですが、ボーイングは旅客機だけでなく、戦闘機など軍事用の航空機もつくっています。イーグル戦闘機やアパッチヘリコプター、オスプレイなど数多くの軍用機がボーイング社製です。

ほかにも軍需産業にかかわる大企業がアメリカにはいくつもあります。冷戦が終わったとき、戦争経済から平和経済に切り替わるのではないかという希望もありましたが、結局アメリカは戦争経済をつづけています。あまりに規模が大きいので、もし、経済がほんとうに平和状態になるとすれば、たいへんな切り替えになります。

――そんなに規模が大きいの？

軍需産業がなくなったら、アメリカは大危機だと思います。

２０１２年のデータになりますが、アメリカの軍事費は世界中の軍事費の39％。２番めの中国より３・４倍で、３番めのロシアの７・３倍で、次の９ヵ国の合計より多い額です。また、軍需産業の産業規模はアメリカのＧＤＰ（国内総生産）の４・４％にのぼります。もし、急にアメリカが非武装になったらアメリカ経済は大打撃を受けます。軍需産業なしではアメリカの経済は崩壊《ほうかい》しかねません。

そして、政治家が退職して軍需産業の顧問になったり、軍事企業の役員が政府に入るということが多く見られます。ブッシュ大統領の副大統領だったチェイニーは、軍事企業ハリバートンの中心人物でした。アメリカ経済は、今や戦争に頼る、戦争中毒の状態です。

――中毒だから戦争がやめられない？

アメリカ経済のなかにしめる軍需産業の割合は大きい

やめられないことはないけれども、ほかの中毒と同じように、やめるのにたいへんな決心が必要です。

もう少し一般的な見方もできます。冷戦後、世界中がほぼ資本主義経済になりました。資本主義経済の特徴は不平等をつくることです。低賃金で1日中朝から晩まで働いてくれる労働者を必要とします。19世紀の場合、その不平等は国のなかにありました。資本家と労働階級です。20世紀に入り、資本主義が世界の経済システムになると、国のなかの労働者だけでなく、海外の低賃金労働者を使うことが増えていきます。

不平等な経済制度を維持するためには暴力が必要です。ひどい労働条件の改善を要求するために労働組合をつくろうと思っても警察力によってつぶされるとか、場合によっては戦争につながることもあるでしょう。

悲しいことにそれは世界的システムになっていて、私たちはみんなそのなかに入っています。日本の100円ショップでは時計や眼鏡《めがね》まで売っています。貧しい国の労働者がつくったものです。ところで、日本にある100円ショップの家賃は日本の普通の家賃です。そこで働いている人の給料も日本の普通の給料、貧しい国から品物を送る送料も普通の送料……そう考えていくと、100円のうち原価はかなり少ない。そしてたぶん、貧しい国の工場のボスはその国の基準ではいい給料をもらっていると思います。すると、100円のものをつくるのに労働者はどれくらいお金をもらっているのでしょう？

その国では、時計や、眼鏡とか複雑なものをつくっている。技術はある。機械もある。けれども、とっても安いお金でつくっている。そして賃金を安くするために、労働組合や労働運動、ストライキなどを禁止する、弾圧的な政府が必要です。買う側にとって、１００円ショップはとっても便利です。でも、つくっている労働者はとっても苦しい生活をしていると思います。

１００円ショップで売っているものの多くは中国でつくられていると思います。中国でそういう工場に勤めている人には不満が非常に強いと思います。中国政府にとって日本と仲が悪くなると、国内の状況はやりやすくなります。尖閣諸島を日本政府が買ったとき、中国の貧しい人たちが街に出て、「日本バカヤロー」とか「日本の帝国主義だ」などと怒りをはき出しました。自分の怒りを工場のボスに向けるのでなくて、中国政府に向けるのでもなくて、日本に向けた。遠いところにある日本が不満、怒りのはけ口となってくれたのです。搾取《さくしゅ》する工場側と搾取される労働者側を民族主義で一体化して、「国が危ない！戦争になるかもしれない！」という危機感を国民に押しつければ、労働者その他の国民は弾圧しやすくなります。政府や工場のボスにとって、とってもありがたいと思います。

——１００円ショップが戦争と関係あったなんて。

１００円ショップに典型的に見られるような、世界を支配するこういう経済のあり方が、戦争を生む構造的な要因ともなっていると思います。ほかの国との戦争、あるいは戦争になりそうな状態と国内の弾圧には密接な関係があります。国内の治安が悪くなると戦争を起こして治安をよくするというのは、昔からお決まりの支配者のトリックです。

また別の側面もあります。戦争の原因というよりも、戦争を許す社会の状態です。それは戦争の現実を忘れてしまうことです。

戦争のロマンと言ってもいいですが、小説、映画、テレビ、ゲーム、場合によってはニュースでも、戦争がとても意義のある冒険というイメージとして表されます。戦争に行って一人前になって帰ってきたとか、ヒーローになったとか、とても恐ろしいことがあったけれども、勇気を出してすごいことをやって立派、とか……。心を揺さぶる音楽がきこえてきそうな戦争のイメージがあちこちで見られます。

実際の戦争から帰ってきた人のなかには、そういうロマンに乗る人もいますが、本当はそんなものではないとわかっている人がほとんどです。その人たちは次の世代に戦争のつらさを伝えようとしますが、あまり伝わりません。その世代が年をとって影響力がなくなって、次の世代は戦争をかっこいい、やってみたいと思って、戦争できる文化に変えていくことがあります。

実際に、アメリカの歴史には各世代のための戦争があった、という学説があります。独立戦争（１７７５〜83年）、イギリスとの戦争（１８１２〜14年）、メキシコとの戦争（１８４６〜48年）、南北戦争（１８６１〜65年）、スペインとの戦争（１８９８年）、第一次世界大戦（１９１４〜18年）、第二次世界大戦（１９３９〜45年）、朝鮮戦争（１９５０〜53年）、ベトナム戦争（１９６１〜73年）……、と各世代の戦争があります。

もちろんほかの要素もありますが、戦争に行けそうな若者が育った段階で、次の戦争が起こっているというのです。

日本でも、戦争を経験した世代が一所懸命に次の世代に戦争はやるものじゃないと伝えようとしましたが、十分に伝わっていません。

『西部戦線異状なし』では、こんなふうに描かれています。主人公は休暇をとって、自分の村にもどります。お母さん、お父さんと会ったり、友だちや、町の人たちと話すけれど、だんだんいらいらしてきます。自分の話をだれもわかってくれないし、信じてくれない。戦争の本当の姿を言おうとすれば、愛国心が足りないと言われたりする。居心地《いごこち》が悪くて戦線にもどったとき、戦争がどういうものかわかる仲間がいるところにもどって安心した、という場面があります。

不思議なことですが、経験しないとわからないのです。

そのかわりにすばらしい冒険とか、自分の勇気をためしてみるとか、一人前の立派な男になるチャンスだとか、そういうロマンが入ってきて、戦争を可能にしています。これは戦争が起きる直接的な原因ではありませんが、戦争を可能にしているひとつの要素です。

反戦平和主義のスローガンのひとつに、「国が宣戦布告しても、だれも戦争に行かなければどうなる?」というものがあります。だれも行かなければ戦争はできません。戦争に行く人がいるのは戦争ができる条件です。戦争を許す人々の気持ち、社会状況も戦争がなくならない理由のひとつと言えます。

さて、70年近く「戦争をしない」ことを憲法で謳《うた》ってきた日本ですが、人々の気持ちが戦争を許す方向に傾いているようです。一方、「同盟国」アメリカはテロに対する終わりのない戦争をしています。次の章では、もし日本が戦争ができる国になったとしたらどうなるのか、考えていきましょう。

第4章

日本が戦争できる国になったらどうなるの？

1

なにがどう変わるの？

――戦争できる国になったらなにが変わるの？

日本を戦争ができる国にしようとしている大きな勢力のひとつは日本政府です。戦後ほとんどの期間、与党《よとう》として実質的に政権を担ってきた自民党《じみんとう》は、交戦権を認めない（そのために日本が合法的に戦争できない）今の憲法を変えて、戦争できる国にしようとしています。２０１２年には「日本国憲法改正草案」を発表しています。

もし、この案どおりになったらなにがどう変わるのか、改正案を読むと見えてきます。この改正案は自民党のホームページに今の憲法との対照もできる形で公開されています。30ページとそんなに長くもないので、ぜひ見てみてください。きっといろんな発見があると思います。（https://www.jimin.jp/activity/colum/116667.html）

国防軍は国を守る軍隊
国民を第一に守るのではない

ここでは必要な箇所を引用して具体的に考えていきましょう。

9条については、今の憲法にある「陸海空軍その他の戦力は、これを保持しない。国の交戦権は、これを認めない」（11ページ参照）は、改正案ではなくなった代わりに「自衛権」を認めたうえで、「国防軍」の項目が新しく入っています。

我が国の平和と独立並びに国及び国民の安全を確保するため、内閣総理大臣を最高指揮官とする国防軍を保持する。

「自民党憲法改正草案」より（以下98ページまで同）

軍隊を持つと明記しています。

——おお、国防軍ってなんかすごい。

「国防軍」という名前を選んだことに意味があります。つまり、それは「国」を守る軍隊です。そして、「国」という言葉が先に2回でてから、「国民」がでてきます。国民を守ることが第一に優先されることではないのです。どんどん見ていきましょう。

「内閣」の項では、

内閣総理大臣及び全ての国務大臣は、現役の軍人であってはならない。

内閣総理大臣は、最高指揮官として、国防軍を統括する。

という記述もあります。大日本帝国政府の時代、えらい軍人が国務大臣になり、政府全体が軍の指令下に入って「軍国主義」となりましたが、この条項はそうならないためでしょう。それはありがたいですが、新しくつくられた「緊急事態」という章にはつぎのようなことが書かれています。

内閣総理大臣は、我が国に対する外部からの武力攻撃、内乱等による社会秩序の混乱、地震等による大規模な自然災害その他の法律で定める緊急事態において、特に必要があると認めるときは、法律の定めるところにより、閣議にかけて、緊急事態の宣言を発することができる。（傍線筆者　以下同）

改正案によると総理大臣が緊急時代を宣言すれば日本は内閣独裁政権になる

武力攻撃を受けたとき、大規模な自然災害のときとともに、内乱などで秩序が混乱したときなどでも総理大臣が「緊急事態」を宣言できる、となっています。

緊急事態の宣言が発せられたときは、法律の定めるところにより、内閣は法律と同一の効力を有する政令を制定することができるほか、内閣総理大臣は財政上必要な支出その他の処分を行い、地方自治体の長に対して必要な指示をすることができる。

緊急事態になれば、内閣が国会を通さずに法律をつくることができるし、総理大臣は国会の許可なしでお金を自由に使えるし、都道府県の知事や市町村長に直接指示できる、ということです。つまり、日本国は内閣独裁政権になります。

緊急事態の宣言が発せられた場合には、何人も、法律の定めるところにより、当該宣言に係る事態において国民の生命、身体及び財産を守るために行われる措置に関して発せられる国その他公の機関の指示に従わなければなら

ない。この場合においても、第十四条、第十八条、第十九条、第二十一条その他の基本的人権に関する規定は、最大限に尊重されなければならない。

緊急事態になったら、法律違反をしないだけでは足りなくて、国の言うことに従わなければなりません。そして「基本的人権を最大限尊重する」とは、普通の言葉で言うと、なるべく尊重する、つまり、場合によっては尊重しないという意味です。基本的人権を尊重しないということは、起訴も裁判もなく人をずっと監禁できるとか、裁判の権利とか弁護士と会う権利とかもなくして言論の自由、報道の自由、行動の自由をなくせるということです。基本的人権にかんして、とくに第十八条を見ておきましょう。

何人も、その意に反すると否とにかかわらず、社会的又は経済的関係において身体を拘束されない。

これは現行の憲法では、「奴隷的拘束」となっています。これについても改正案では緊急事態になったら、政府は「なるべく守る」となっています。

改正案によると緊急事態が宣言されれば、基本的人権は場合によっては尊重されない

国が軍隊を持って、総理大臣がその総指揮官で、総理大臣は緊急事態を宣言できて、緊急事態では内閣で法律がつくれて、地方自治体にも言うことをきかせられて、人権はなるべく尊重すればいいのなら、なんでもできます。つまり、総理大臣による独裁ができるということです。

――戦争できる国にするって、独裁にするってことなの？

憲法を改正しても、すぐに独裁になることはありませんが、時間とともに社会も変わっていくでしょう。日本を「戦争ができる国」に変えようとするなら、憲法9条を変えるだけではできません。日本社会を「戦争ができる社会」に変えなければなりません。何世代も前から日本は戦争していませんので、できるようにするのは大変なことです。

戦争反対の大きな市民運動が起きない社会にするために、反戦思想を持っている新聞や出版社、政党、NGO、学校の先生、作家などをなるべく減らして、それらの社会にたいする影響を小さくしなければなりません（「緊急事態」の条項に書いてある「社会秩序の混乱」とは、反戦運動のことも意味するでしょう）。そしてとくに18歳くらいの若者を戦争ができる（＝人を殺せる）人として教育をしなければなりませんが、そう簡単にはできません。自民党はそれがわかっているために、「緊急事態」の条項を入れたのでしょう。
軍隊を持って戦争ができる国となったということは、国内戦争もできるということです。言うことを聞かない団体とか地域とかがあれば、機動隊では不十分な場合、国防軍を送ることもありえます。新しい第9条のなかの「公の秩序」と第98条の「緊急事態」の条項は、そういう意味です。
また、「国民の権利及び義務」のところでは、「国民は、全ての基本的人権を享有する」(享有とは生まれながらに持っているということです)としたうえで、つぎのような記述も見られます。

自由及び権利には責任及び義務が伴うことを自覚し、常に公益及び公の秩序に反してはならない。

生命、自由及び幸福追求に対する国民の権利については、公益及び公の秩序に反しない限り、立法その他の国政の上で、最大限に尊重されなければならない。

改正案では緊急事態でなくても、基本的人権が認められるのは「公益」「公の秩序」に反しない場合だけ

緊急事態の場合にかぎらず、基本的人権は「公益」、つまり社会一般の利益と、「公の秩序」に反しないかぎり認めるという考え方です。ところが、人権に反する「秩序」が存在することがあります。

1994年まで、南アフリカでは黒人の権利を奪うアパルトヘイト制度は合法であって、国の「秩序」そのものでした。60年代以前、アメリカの南部では、黒人の人権を奪う隔離制度も合法で、「秩序」そのものでした。このような「秩序」のもとで、人権を求める運動はその秩序を壊すことでした。人権獲得運動に「秩序に反しないかぎり」という条件をつけることは、人権獲得運動を不可能にすることです。

興味深い発言があります。

2013年7月、元首相で副総理兼財務相の麻生太郎《あそうたろう》さんは、憲法改正に関連して、次のような発言をしました。

静かにやろうやと。憲法は、ある日気づいたら、ワイマール憲法が変わって、ナチス憲法に変わっていたんですよ。だれも気づかないで変わった。あの手口学んだらどうかね。ワーワー騒がないで。

何のことを言っているのか、説明しましょう。1933年に大統領から首相に指名されたヒトラーはまもなく国会を解散させます。その2週間後、国会議事堂が放火される事件が起こります。ヒトラーはドイツ共産党が武装蜂起《ぶそうほうき》を計画しているとして緊急事態を宣言、緊急大統領令を出します。言論や報道、結社の自由が制限され、令状なしでの逮捕《たいほ》が可能になるなど、実質的な戒厳令でした。実際には共産党の武装蜂起の計画はありませんでしたが、放火事件をきっかけにしてヒトラーはじゃまな勢力を弾圧し、ナチス党の一党独裁体制をつくりました。

当時、世界でもっとも民主的と言われたワイマール憲法は改正することはありませんでした。戦争が終わるまでワイマール憲法のままでしたけれども、憲法を無視して、戒厳令によってナチス党の独裁を実現しました。

日本の元首相で副総理が、それから学べる、と言ったのです。たぶん彼が「ワーワー騒ぎたくない」というのは、憲法改正に伴う全国的議論のことでしょう。その議論を避けるのに、憲法を変えないままにして、憲法を無視する、という方法があります。ヒトラーの場合、戒厳令の宣言でできました。麻生さんの発言は、「解釈改憲」で同じことができるのではないかという意味でしょう。

軍国主義の日本では政治に無関心ではいられなかった

――そう言われても……。

ピンとこないかもしれませんね。大人もそうですが、若い人のなかには政治に関心がないという人も多いですが、皮肉にも、無関心でいられるのは、今の憲法が無関心の権利を守ってくれているからです。人権条項のなかに「無関心権」とは書いてありませんが、憲法の保障している自由な社会のなかで、政治に無関心な自由も結果として入っているのです。べつに選挙に参加しなくてもいいし、政府の言っていることを支持しなくてもいいし、反対してもいいし、無視してもいい。

ところが、軍国主義時代の日本のなかには無関心権はありませんでした。「隣組」がつくられて、近所の人同士が監視しあって、政府の言うことに無関心の人がいれば、「あやしい」と言われました。そして学校はもちろん、空手クラブとか書道教室とかなんでもすべての組織が、いわゆる「大政翼賛会《たいせいよくさんかい》」となって、政府の言うことと無関係に活動することはできなくなりました。学校でも、習いごとでも、地域でも、どこにいても政治に無関心ではいられなかったのです。

――でもそれは昔の話でしょう？

今さら70年も前の、戦時中のようにはなるはずない、と思うかもしれませんが、自民党の改正案の意味は、明治憲法の時代にもういちどもどるようなもの、もちろんそのままにはなりませんが、それにちかづくようなものです。

大日本帝国憲法は、日本に住んでいる人を天皇の臣民《しんみん》にしました。国の主権者は天皇で国民は家来《けらい》という関係です。今の憲法はその臣民を市民に変えました。国民を主権者として、国の権力を政府から奪って国民に渡しました。憲法の前文にそう書いてあります。

今の憲法の前文より

日本国民は、正当に選挙された国会における代表者を通じて行動し、われらとわれらの子孫のために、諸国民との協和による成果と、わが国全土にわたって自由のもたらす恵沢を確保し、政府の行為によって再び戦争の惨禍が起ることのないやうにすることを決意し、ここに主権が国民に存することを宣言し、この憲法を確定する。そもそも国政は、国民の厳粛な信託によるも

戦争をするには、憲法だけでなく社会も変えなければならない

のであって、その権威は国民に由来し、その権力は国民の代表者がこれを行使し、その福利は国民がこれを享受する。これは人類普遍の原理であり、この憲法は、かかる原理に基くものである。われらは、これに反する一切の憲法、法令及び詔勅を排除する。

――おお、なんかかっこいいね。

今の国民はこの憲法によって権力を持っています。自民党の改正案は、日本の市民をもういちど、支配される立場にもどすものです。つまり国の権力を国民から奪って政府へもどしています。国民は弱くなって政府はもういちどとても強くなる、という憲法案です。ところで、自衛権も認め、国防軍の保持も明記した戦争ができる憲法改正案ですが、さきほどお話ししたように、憲法を変えただけですぐに戦争ができる国になるわけではありません。憲法の改正は戦争できる国にするための大きな要素ですが、それだけでは十分ではありません。

戦争へ志願をしてくれる若者を増やさなければならないし、戦争に反対し平和運動をする人は減らさなければなりません。法律的に戦争できるというだけでなく、戦争を応援す

る社会にしていく必要があります。

そういう社会になる準備は、今も少しずつ整えられていますが、憲法が改正されるとさらに進むでしょう。ひとつには戦争につながるような愛国心も必要で、そういう教育が強くなるでしょう。

ところで、小中高校の入学式や卒業式では、壇上に日の丸を掲げて「君が代」を歌うところが多いと思います。１９９０年代後半から先生全員が「君が代」を歌うことが強制されるようになりました。２０１２年には大阪市で、入学式や卒業式など大阪市の学校行事で国歌斉唱《こっかせいしょう》を行うときに、教職員に起立して歌うことを義務付ける条例《じょうれい》が制定され（条例とは市町村などの自治体がつくる法律のようなものです）、それを受けて校長先生などがほかの先生たちがちゃんと歌っているかどうか、口元をチェックする学校もあるようです。

日の丸、君が代について、改正案にはつぎのように明記されています。

日本国民は、国旗及び国歌を尊重しなければならない。

「自民党憲法改正草案」より

もし、この改正案が憲法になったら、卒業式で先生が歌っているかどうか見張られるだけでなく、お父さんお母さんも見張られることになるかもしれません。それがいやで欠席する人も「あやしい」と思われるでしょう。

「尊重」というのは「行動」でもあれば「気持ち」でもあります。政府は「行動」を問題にしているのでしょうが、憲法で「こういう気持ちにならなければならない」と書いてあればそういう気持ちが湧《わ》いてくるでしょうか。強制されて歌うということは心から歌っているのではありません。「私を愛さないと処罰するよ」と言われても愛情は湧いてきません。湧いてくるのは恐怖です。なるほど、愛情で人に言うことをきかせることができなければ、恐怖で言うことをきかせられます。恐怖で人の行動を管理できます。

だとすると、先生が道徳の時間で生徒たちに「自分で考えて判断する、良心を大事にする」ことを1年間一所懸命教えても、その先生が卒業式で君が代を歌うと、生徒はなにを学ぶでしょうか。強制されたら従うものだ、と思うでしょう。その瞬間で1年間の教育がひっくり返されてしまいます。国歌斉唱の強制は、愛国心を教えているのではなくて、国が怖いということを教えているのです。

憲法が改正されれば、恐怖教育はもっと厳しくなると思います。

教科書も書き直されるでしょう。

卒業式の国歌斉唱の強制は国が怖いことを教える恐怖教育

――教科書？

小学校から高校までの教科書は国が検定《けんてい》しています。とくに歴史にかんする記述は、政府が歴史をどう捉《とら》えているかが反映される傾向がありますから、これまでも、第二次世界大戦敗戦までの朝鮮半島、中国大陸に対する日本の政策をどう認識するかをめぐって、教科書の記述が国際問題にもなってきました。

「新しい歴史教科書をつくる会」の教科書が２００１年の教科書検定に合格して以来、各地の学校で採用されています。あなたが使っている教科書はどうですか？

この教科書は、生徒たちが元気になるような歴史、自分の国を好きになるような、誇《ほこ》りを持てるような歴史を教えるべき、という考え方でつくられています。これまでの歴史教科書では、生徒たちがいやな気持ちになって、自分の国に誇りが持てなくなる恐れがあるというのです。

だとすると、歴史の事実ではなく、生徒の気持ちが中心ということです。生徒がこれを読めばどう反応するかということによって過去の事実を書き直すことになります。でも、この過去なら悲しくなる、憂鬱《ゆううつ》になるからといって過去の記録を書き直す、というのは歴

どんな国の歴史にも
読むといやな気持ちになることがある

史学ではありません。

どの国にしても、歴史を正直に書いた本を読むと、犯罪もあるし、暴力もあるし、差別もあります。読むといやな気持ちになること、とっても悲しくなることがあります。そうではない国はないのです。そうでないなら本当の歴史ではありません。ぼくは奴隷制《どれいせい》のなかったアメリカがあればうれしい。先住民から土地を奪《うば》わなかったアメリカがあれば、とっても安心する。でもそんなアメリカはないのです。

歴史学はつらいものです。まず事実を知って、いやな気持ちになったり誇りを持てないことがあったら、それをどうやって我慢するか、どうやって考えるか、という問題です。いちばんいいのは、二度とそういうことにならないように、歴史の教えをなるべく活《い》かすことだと思います。自分の国を愛することは自然で、いいことだと思います。過去の醜いところを隠すのではなく、これから誇りを持って愛することができる国をつくる、それが本当の愛国心だと思います。

ジョージ・オーウェルが第二次世界大戦直後に書いた『１９８４年』という小説があります。主人公の仕事は歴史を書き直す仕事です。世界は３つの超大国にわかれて、いつも２つの国が連合して３つめの国と戦争しています。ときどき連合が変わります。すると、こっちと連合してあっちと戦争していたときの記録を全部書き直します。まず、記録、つぎは人の記憶。記録を書き直して人の記憶をつくり直せば、新しい過去をつくっていることになります。だから政府はなにも嘘《うそ》はついていない、ということになります。

ところが、彼の仕事は書き直すことですから、「書き直す」という意識がなければできません。でも、仕事が終わったら、やったことを忘れなければならない。昔こういう連合があったというのを、たくさんの記録を読んで書き直す。前の記録が書いてある書類はメモリーホールに入れて燃やす。そして次の意識になる……。

事実と国の都合による「歴史」を区別して使いわける「二重思考」がこの小説のテーマのひとつとなっています。

――でも、小説の話だよね？

小説ですが、現実を反映しています。この小説の主なモデルとなったのは、１９３９年に不可侵条約《ふかしんじょうやく》を結んだドイツとソ連が１９４１年には戦争に突入したことだと言われていますが、オーウェルは、小説で書いたような、昨日のことは今日はナシという歴史認識について、ドイツとソ連にかぎらずほかの戦争している国でも同じような変化を感じたと答えています。

現実の社会でも、都合の悪い過去の記憶は消えてしまう二重思考がある

第二次世界大戦がヨーロッパではじまったころ、アメリカの共産党の新聞は、「アメリカはドイツと戦争するな、私たちは平和主義だ」という論調でした。ドイツが共産主義国のソ連と不可侵条約を結んでいたからです。ところが、ドイツがぐるっと変わってソ連を侵略しはじめると、アメリカの共産党の新聞は「ドイツと戦争しよう！」と変わりました。ちょっと前に「平和主義だ！」と言っていたのに。共産党を支持していた私の叔父《おじ》は、その一日の転換《てんかん》で支持をやめました。

また、戦争中はアメリカとソ連は同盟国でしたから、新聞で、赤軍（レッドアーミー＝ソ連軍）が勝ち進んでいるという報道を読むとみんなが喜んでいたことを覚えています。冷戦以降のアメリカとソ連の対立した関係しか知らない若い人にこの話をすると「え？」という顔をします。オーウェルのＳＦ小説はもちろん風刺《ふうし》で、大げさに書いていますが、『１９８４年』に描いてあるような全体主義政権にならなくても、都合の悪い過去の記憶は消えることがあるのです。

また、歴史にかぎらず、戦争をしている国では二重思考が幅を利《き》かせます。津田塾大学《つだじゆくだいがく》で教えていたころ、こんなことがありました。

１９８９年の年末から翌年1月にかけて、アメリカはパナマを侵略しました。パナマは北米大陸と南米大陸がくっつくところに位置する小さな国です。この侵攻でアメリカはノ

リエガ元大統領を逮捕してアメリカに連れて帰り、麻薬密売容疑で起訴《きそ》します。裁判の結果禁固40年の有罪判決となり、２００７年に釈放するまで15年間アメリカ国内の刑務所に収監《しゅうかん》していました。

そのころ、ハーバード大学法学部を出たばかりの弁護士の女性が非常勤講師として津田塾大学にきていました。ハーバード大法学部だから法律には詳しいはずです。ぼくはききました。「どうしてアメリカの軍隊が別の国で人を逮捕して国内に連れてきて、アメリカの刑法で起訴して有罪判決が出せるのか説明してください」。彼女の答えは「ノリエガを抑《おさ》えるのにほかに方法がないでしょ」でした。

——えっ？　そんなのあり？

法的な説明は不可能なのです。でも彼女は気にしてないみたい。これは別の形の「二重思考」ですね。つまり、ノリエガは「法律を守らない犯罪者」として逮捕されましたが、アメリカ政府は彼を逮捕して処罰するために、法律を無視してもいいという考え方です。

日本が戦争できる国になったら
韓国、中国と仲良くできなくなるかもしれない

2 どんな戦争をすることになるの？

――実際にはどんな戦争をすることになるの？

それはよく考えておくべきことだと思います。

憲法を変えて日本が戦争できる国になれば、周辺国との関係はどう変わるでしょうか。

韓国、北朝鮮、中国はじめアジアの国々はいやがるでしょう。それらの国々では70年ほど前に日本軍に侵略された経験の記憶はなくなっていません。とうぜん緊張が高まります。

韓国、中国と仲良くしつづけるのは非常にむずかしくなると思います。

では、具体的にどの国とどんな戦争をする可能性が考えられるでしょうか。

２０１４年春の時点で、たびたび報道されているのは尖閣諸島《せんかくしょとう》（中国の呼び方は釣魚島）のことです。

尖閣諸島は、東シナ海の南西部にある5つの島と3つの岩礁《がんしょう》で、いちばん大きな魚釣島《うおつりしま》でも東西3・5キロメートル、南北1・3キロメートルの小さな島です。周辺の海底に石油が埋蔵されている可能性があるとも言われています。

この島々について、日本も中国もお互いに自分の国のものだと領有権《りょうゆうけん》を主張しあっています。2012年9月に日本政府が所有者から購入して国有化したことから、とくに日本と中国の間で激しい摩擦《まさつ》となり、中国の船が尖閣諸島周辺での航行を繰り返していて、軍事的な衝突が起きそうな状況がつづいています。

——日本政府も中国政府もそういう状態を、国内の問題から国民の目をそらすために利用しているという……。

はい。そうお話ししました。この「戦争状態」が「戦争」になった場合を考えてみましょう。

軍隊組織には、「交戦規定」というルールがあります。それは、どういう状況になれば、相手と交戦をはじめてもいいか、というルールです。現在、中国の船と対しているのは、主に日本の海上保安庁です。海上保安庁は軍隊ではないので、警察と同じように鉄砲を使

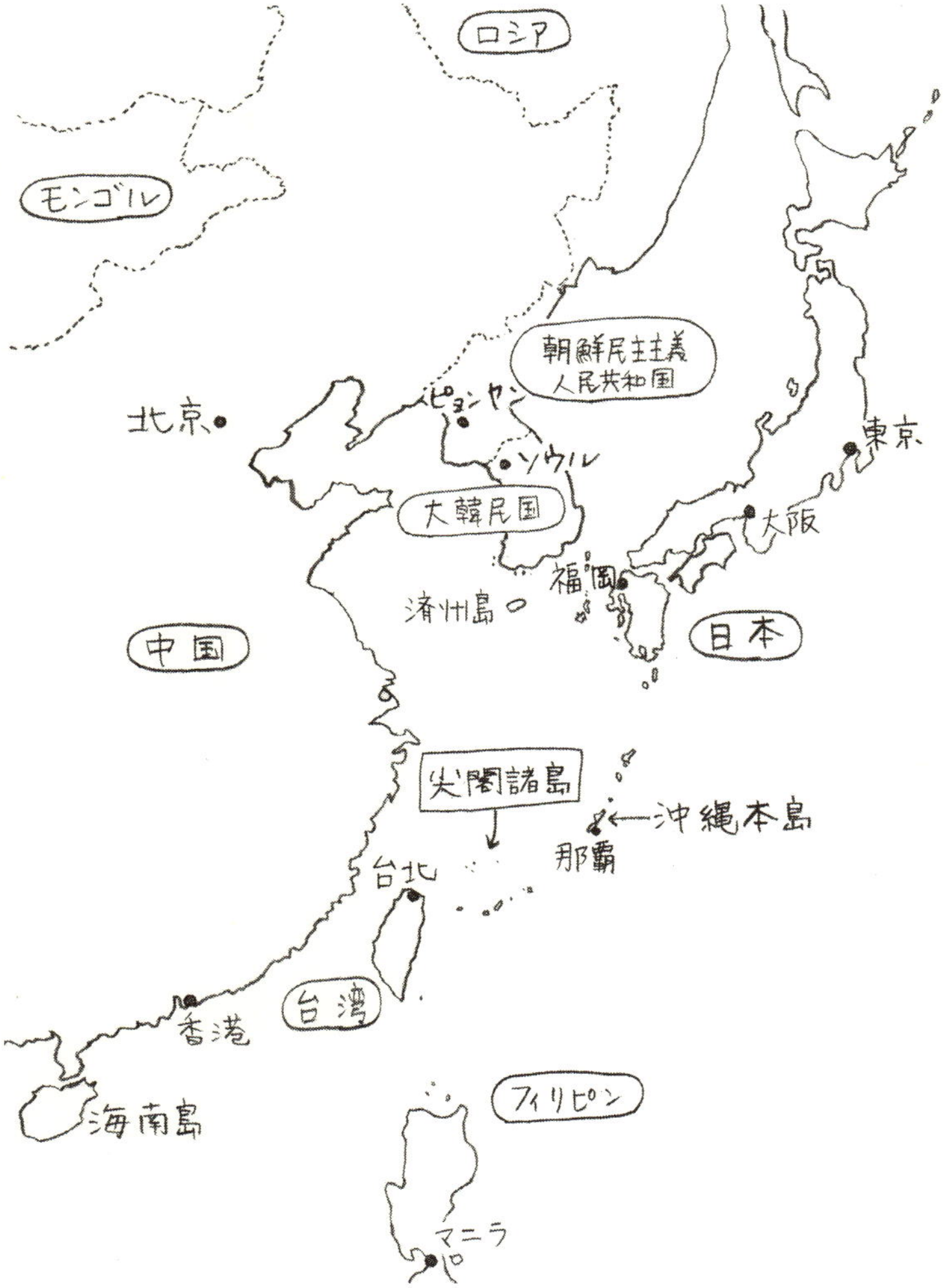
ロシア
モンゴル
朝鮮民主主義
人民共和国
北京
ピョンヤン
ソウル
東京
大韓民国
大阪
福岡
済州島
日本
中国
尖閣諸島
沖縄本島
那覇
台北
台湾
香港
海南島
フィリピン
マニラ

う場合もありますが、もちろん交戦はできません。かりに海上自衛隊を尖閣諸島に送っても、自衛隊には交戦権がないので、もちろん交戦規定もありません。その代わりに刑法36条、37条（正当防衛と緊急避難）のルールを使っています。

日本が戦争できる国になったら、自衛隊は（名前を「国防軍」に変えるかどうかはともかくとして）交戦できる組織になり、交戦規定もできて、状況によって中国の海軍と交戦、つまり相手の軍艦へ射撃をして、軍事行動をはじめることが可能になります。

でも、それで終わるでしょうか。中国は反撃して、海軍同士が尖閣諸島ちかくで戦い、日本と中国の戦争になるかもしれません。また、日本列島は中国大陸に配備されているミサイルの射程のなかに入っています。現在は、とくに米軍基地に当たるようにプログラムされているでしょう。日本も米軍も中国を攻撃できるミサイルを持っています。もちろん中国と日本（とアメリカ）との全面的な戦争になったらたいへんなことになるので、両側はなるべく避けるように努力をすると思います。しかし、もし片一方がまちがいでミサイル1基を発射すれば、もう一方のミサイルも反撃するでしょう。東京にも大阪にも、そしてとくに沖縄にも、ミサイルがくるでしょう。

尖閣諸島を手に入れたとしても、それぐらいたいへんなことになるかもしれません。

たとえ海底に石油資源があったとしても、尖閣諸島周辺から中国を追いだすことに、そ

尖閣諸島ちかくで戦争になったら
中国のミサイルは日本中に飛んでくるかもしれない

れだけの代償《だいしょう》を払う価値があるでしょうか。軍事力を使おうと言っている人たちは、遠い所の海戦で済むと思っているかもしれませんが、そうはいかないでしょう。近代の海戦には、飛行機もかかわるので、その飛行機と発着する基地（横田、嘉手納《かでな》など）も標的になります。軍艦が出航する港（横須賀、佐世保など）も標的になります。中国と日本、そしてアメリカという世界有数の軍事力を持っている国の破壊力を考えると、戦争するほどの価値はないと思います。

もちろん、陸軍を中国本土に送って日本の支配下に入れようと思っても勝てるわけがありません。太平洋戦争で経験したはずで、それは日本政府も二度とそんなとんでもないことをしようとは思わないでしょう。

――うん、それはないよね。

いちばんありうるのは、お互いに脅《おど》かして怖《こわ》いところまでいって、交渉《こうしょう》して、両方が妥《だ》協《きょう》して戦争を避けることだろうと思います。両側に理性を持っている人間がいれば、両方が恥《はじ》をかかないように国連が入るとか、一緒に石油を探すとか、避ける方法はあるでしょう。けれども、かりに、もし武力衝突《ぶりょくしょうとつ》ということになれば、お互いの軍隊に死者も出るでしょう。もっと大きな戦争にエスカレートする可能性もまったくないわけでもなく、そうなればどうやって終わらせるのか、むずかしくなります。

北朝鮮との戦争も可能性があるかもしれません。

かつて、ブッシュ大統領のとき、彼はイラン、イラク、北朝鮮を「悪の枢軸《すうじく》」と呼びました。そして、それからしばらくするとイラクに侵攻しました。イラク戦争に勝利したと思った段階で（実は勝利していませんでしたが）、米大統領の顧問と内閣とで「イラクの次は、シリアにしようか、リビアにしようか、イランにしようか、あるいは北朝鮮にしようか」という議論があったと新聞に出ていました。

北朝鮮に侵攻して政治形態を変えることは、現在でもアメリカの軍事戦略の選択肢《せんたくし》として存在しています。もし、アメリカがそれを実行にうつすなら、戦争のできる日本はその戦争にかかわることになります。

こういうシナリオが考えられます。

日本海で海上保安庁の船が不審船《ふしんせん》に攻撃されたということが新聞にでます。次の日、また攻撃された、と新聞にでます。すると、「しかたない、戦争がはじまった」と米軍と日本の軍隊は北朝鮮と戦争をはじめる……。

沖縄以外の在日米軍基地

難波功士編『叢書戦争が生みだす社会Ⅲ——米軍基地文化』新曜社より作成

アメリカ政府は気に入らない政府の国に侵攻して戦争に勝って、言うことをきく政権につくりなおしていいという考えですから、もし北朝鮮でもそれが成功すれば、アメリカにとってとても都合がいい。そういう戦争がはじまります。

30年経ってから資料が公開されて、不審船の攻撃は嘘だったとわかる……。

これはよくあるやり方で、アメリカも何回か使ったことがわかっています。1964年には、ベトナムのトンキン湾で、アメリカ海軍の船が北ベトナム軍から魚雷攻撃《ぎょらいこうげき》を受けたという事件をきっかけに、アメリカは本格的にベトナム戦争に介入《かいにゅう》しましたが、のちにこの事件はアメリカのでっちあげだったことが暴露《ばくろ》されました。日本も同じやり方で満州《まんしゅう》事変《じへん》をはじめました。1931年、中国軍に鉄道を爆破されたとして軍事行動を展開しましたが、爆破事件は日本による自作自演でした。

このようにして日本が北朝鮮と戦争する日がくるかもしれません。ありえると思います。

——そんなこと、ほんとに起きるかなぁ？

もちろんこれは全部推測で、可能性があるという話です。

もうひとつの可能性があります。

The two faces of Rumsfeld

2000 Director of a company which wins $200m contract to sell nuclear reactors to North Korea

2002 Declares North Korea a terrorist state, part of the axis of evil and a target for regime change

eep Ramesh

Rumsfeld, the US de- secretary, sat on the of a company which years ago sold two light nuclear reactors to North – a country he now re- part of the "axis of evil" which has been targeted regime change by Washing- because of its efforts to nuclear weapons.

Rumsfeld was a non- executive director of ABB, a engineering giant in Zurich, when it won a (£125m) contract to the design and key components for the reactors. current defence secretary the board from 1990 to earning $190,000 a year. to join the Bush ad- ministration.

reactor deal was part of Bill Clinton's policy persuading the North regime to positively with the west.

the nuclear tech- was a high-profile con- ABB's then chief execu- Goran Lindahl, visited Korea in November announce ABB's "wide- long-term coopera- agreement" with the government.

company also opened in the country's capi- Pyongyang, and the deal a year later in Despite this, Mr Rums- said that the de-

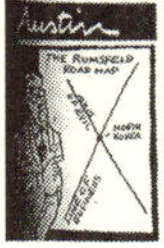

fence secretary did not "recall it being brought before the board at any time".

In a statement to the American magazine Newsweek, his spokeswoman Victoria Clarke said that there "was no vote on this". A spokesman for ABB told the Guardian yesterday that "board members were informed about the project which would deliver systems and equipment for light water reactors".

Just months after Mr Rumsfeld took office, President George Bush ended the policy of engagement and negotiation pursued by Mr Clinton, saying he did not trust North Korea, and pulled the plug on diplomacy. Pyongyang warned that it would respond by building nuclear missiles. A review of American policy was announced and the bilateral confidence building steps, key to Mr Clinton's policy of detente, halted.

By January 2002, the Bush administration had placed North Korea in the "axis of evil" alongside Iraq and Iran. If there was any doubt about how the White House felt about North Korea this was dispelled by Mr Bush, who told the Washington Post last year: "I loathe [North Korea's leader] Kim Jong-il."

The success of campaigns in Afghanistan and Iraq have enhanced the status of Mr Rumsfeld in Washington. Two years after leaving ABB, Mr Rumsfeld now considers North Korea a "terrorist regime ... teetering on the verge of collapse" and which is on the verge of becoming a proliferator of nuclear weapons. During a bout of diplomatic activity over Christmas he warned that the US could fight two wars at once — a reference to the forthcoming conflict with Iraq. After Baghdad fell, Mr Rumsfeld said Pyongyang should draw the "appropriate lesson".

Critics of the administration's bellicose language on North Korea contrast the prob-

Donald Rumsfeld: he 'did not recall' the sale of the reactor to North Korea being brought to the board of ABB Photograph: Kevin Lamarque/Reuters

against it". "One could draw the conclusion that economic and personal interests took precedent over non-proliferation," said Steve LaMontagne, an analyst with the Centre for Arms Control and Non-Proliferation in Washington.

Many members of the Bush administration are on record as opposing Mr Clinton's plans saying that weapons-

Paul Wolfowitz, and the state department's number two diplomat, Richard Armitage, both opposed the deal as did the Republican presidential candidate, Bob Dole, whose campaign Mr Rumsfeld ran and where he also acted as defence adviser.

One unnamed ABB board director told Fortune magazine that Mr Rumsfeld was in-

rean peninsula by offering supplies of oil and new light water nuclear reactors in return for access by inspectors to Pyongyang's atomic facilities and a dismantling of its heavy water reactors which produce weapons grade plutonium. Light water reactors are known as "proliferation-resistant" but, in the words of one expert, they are not "prolifera-

before it can be weaponised. One US congressman and critic of the North Korean regime described the reactors as "nuclear bomb factories".

North Korea expelled the inspectors last year and withdrew from the nuclear non-proliferation treaty in January at about the same time that the Bush administration authorised $3.5m to keep ABB's

gramme and to allow international nuclear inspectors into the country. But Pyongyang demanded that security guarantees and aid from the US must come first.

Mr Bush now insists that he will only negotiate a new deal with Pyongyang after the nuclear programme is scrapped. Washington believes that offering inducements would re-

The Guardian 2003 年 5 月 8 日

World News

Pentagon calls for regime change in N Korea

By David Rennie in Washington

A SECRET Pentagon memorandum calling for regime change in North Korea was leaked yesterday, opening a fresh foreign policy split in the Bush administration.

The classified discussion paper, circulated by Donald Rumsfeld, the defence secretary, appears to cut directly across State Department plans to disarm Kim Jong-il, the North's dictator, through threats leavened by promises that his regime is not a target for overthrow.

The paper does not call for military action against North Korea, but wants the United States to team up with China in pushing for the collapse of Kim Jong-il's bankrupt but belligerent regime, the *New York Times* reported.

In a sign that Washington is girding itself for a repetition of the bitter rows that preceded the Iraq conflict, the memorandum was leaked on the same day that a senior State Department negotiator flew to Beijing for three-way talks with China and North Korea.

Officials working for Mr Rumsfeld are implacably opposed to the talks, pointing to North Korea's long history of extracting aid and concessions in return for promises – never kept – to behave in a more reasonable way.

Instead, they seek to use the salutary effect of the rapid victory in Iraq to push North Korea to scrap its nuclear weapons programme immediately.

They also want to demand weapons inspections across the country. That would be an unthinkable concession for a Stalinist police state that bars even aid agencies from a third of its territory. This raises the prospect that Washington would be urging inspections for form's sake and with little hope of success, much as happened in Iraq.

Even before the American envoy, James Kelly, arrived in Beijing for the talks, there were signs of new North Korean brinkmanship. Pyongyang released conflicting statements last Friday, saying in an English language text that it had started reprocessing spent fuel rods into plutonium, a dramatic step that would place it only months from producing several nuclear warheads.

However, a Korean version of the statement said that Pyongyang was merely poised to begin reprocessing.

Supporters of the diplomatic approach attacked the Pentagon proposal as ludicrous. They said that Beijing, while appalled by North Korea's recent behaviour, would never join an American-led campaign to topple its communist neighbour.

An unnamed senior administration official told the *New York Times*: "The last thing the Chinese want is a collapse of North Korea that will create a flood of refugees into China and put Western allies on the Chinese border."

The White House says that regime change in North Korea is not official policy, despite the country's inclusion with Iraq and Iran in President George W Bush's "axis of evil".

Mr Bush has said that he "loathes" Kim Jong-il, who is believed to have killed a tenth of his population through starvation and imprisonment in vast labour camps.

Colin Powell, the secretary of state, is said to have secured the president's approval for a carrot and stick approach in a meeting last week. Mr Powell called for threats to withhold aid and investment from North Korea, while assuring the regime that it faces no threat from the United States.

Mr Rumsfeld, who was "distracted" by the war against Saddam Hussein, did not attend the meeting and may now be trying to regain some traction in the Korea debate, officials speculated.

Mr Bush, who appears willing to let his senior aides scrap over policy before taking a final decision, endorsed Mr Kelly's diplomatic mission at the weekend and thanked Beijing for hosting the talks. He said that China's involvement meant there was chance of convincing N to abandon her ambi develop nuclear arsenals

The Clinton admi drew up plans to bomb North Korean nuclear si byon. But the generally hawkish Bush govern long contended that mi tary action against Nor unrealistic, given the huge conventional arse at South Korea.

Instead, conservati advocated letting No "stew in its own juice", the overseas aid which the crumbling regime lapses under its own we

The Daily Telegraph　2003 年 4 月 22 日

アメリカの国防長官ドナルド・ラムズフェルドが北朝鮮の政府を倒すよう提案した、というニュースがイギリスの新聞で報じられました。もちろん、北朝鮮の政府も読んだでしょう。

日本は70年の間ずっと戦争していませんから、憲法を変えても戦争できるわけないと思っている国があるかもしれません。ですから、「できるぞ」と実証するための戦争も考えられます。たぶん、まず小さくて、軍事力があまりない国を選ぶでしょう。それがうまくいけば、次はもう少し大きな国になります。

アメリカの場合、長いベトナム戦争が終わったら、国民はかなり戦争のことがいやになって、アメリカはもう戦争できないかもしれない、と言われました。政府には、この「ポスト・ベトナム・シンドローム（症候群《しょうこうぐん》）」を治すには、どこかで戦争に勝つしかない、という考えがありました。だから、まず1983年、グレナダという小さなカリブ海の島国（人口9万1000人）に侵攻して、数日間で勝ちました。次は1989年、中米のパナマ（人口300万人）に侵攻して、また数日間で勝ちました。

その次は1991年のイラク（人口3200万人）に対する、いわゆる湾岸戦争ですが、それは開戦から停戦まで100時間しかかかりませんでした。それでアメリカ社会の戦争をいやがるポスト・ベトナム・シンドロームが「治った」と言われています。日本政府は、日本社会の戦後平和主義を同じようなやり方で「直そう」とするかもしれません。

いくつかの可能性をお話ししましたが、いちばん可能性が高いのは、米軍を手伝う戦争

日本が戦争できる国になって、いちばんやる可能性が高いのは、アメリカの戦争を手伝うこと

だと思います。今の自衛隊のやり方の延長で、米軍の下請《したう》けみたいな形で、米軍の指令下で、米国の政策を実現するための戦争に参加することだと思います。集団的自衛権とはそういう意味です。つまり、集団的自衛権の「集団」にだれが入っているかというと、まずアメリカです。場合によって、ほかの国も入るかもしれませんが、日本がアメリカが含まれていない「集団」に入ることは想像しにくいです。米軍と一緒に米軍の戦略にしたがって、戦争をする。それは今も自衛隊が可能なかぎりやっていますから、日本軍になっても、まずはそういう形で戦争に参加することになるでしょう。

するとアメリカが今どのような戦争をやっているかを知っておいたほうがいいと思います。実は、この十数年前から、アメリカはまったく新しい形の戦争をやりはじめました。

――新しい形の戦争？

はい。「テロに対する戦争」です。

9・11のテロ攻撃のあと、ブッシュ大統領は「これはテロに対しての戦争です」と言いました。これは画期的な発言だったと思います。以前からひどいテロもありましたが、テロは軍事行動ではなく、犯罪として扱われていました。ですから、警察が犯人はだれかを

調べて、犯人を探しだして、証拠があれば逮捕して、起訴して裁判して、それでも無罪判決がでるかもしれない。とってもめんどうくさいです。それに、軍隊とちがって、警察の仕事では容疑者を殺してはいけません。身柄《みがら》を拘束《こうそく》するのが警察の仕事です。

「これは戦争です」とブッシュが言ったとき、それが全部変わりました。警察じゃなくて軍隊の問題になりました。警察のルールと軍隊のルールは全然ちがいます。軍隊は犯人を探す技術は持っていません。その人がなにをやった人かは関係なく、敵の軍服を着ているなら殺していいというのが軍隊です。ところが、テロに対する戦争の場合、相手は軍服を着ていません。だから、戦争と言っても、軍隊の行動は警察の行動とごちゃまぜになっています。

アフガニスタン戦争のとき、ぼくは英語の軍事放送でニュースを聞いていましたが、アナウンサーが、「今日、米軍は〇〇人のテロリスト容疑者を殺しました」と言っていました。容疑者を証拠なしで、勘《かん》で殺している。もしかすると銃《じゅう》を持って自分に向かって走ってきた人かもしれませんが、場合によっては「どうもそうらしい」ということで殺しているのです。

そしてアフガニスタンやイラクでの戦闘が終わった現在でも、アメリカはテロリスト容疑者をキューバにあるグアンタナモ米軍基地などに起訴しないまま監禁しています。

テロに対する戦争では、
軍隊の行動と警察の行動がごちゃまぜになっている

アメリカの「テロリスト」に対する扱いは、ヨーロッパ中世の魔女狩りに似ています。現在の法律では、なにか犯罪を起こさないと起訴できません。法律違反の行為がないかぎり、悪い人というだけでは逮捕できないのです。「悪い人禁止法」はありません。一方、魔女狩りでは、魔女であるということがわかれば殺してもよかった。魔女の行為がまだはじまっていなくても、魔女であるということでよかったのです。これが「テロリスト」にも当てはめられています。

テロ行為をしたかどうかではなく、「テロリスト」であると決めれば監禁しています。釈放したらテロをするかもしれないからというわけです。ですから、なんの証拠もないから、というより犯罪行為がないから、起訴も裁判もできません。ただ「テロリスト」だと言われているだけなのですから。

これは、戦争法と刑法とをごちゃまぜに使っています。戦争法では、捕まっている人は捕虜《ほりょ》です。でも「テロリスト」たちは合法な交戦権のある軍隊の兵士ではありませんから、捕虜にはあたりません。では、兵士でなければ、犯罪容疑者でしょうか。いいえ、「テロリスト」なら、犯罪容疑者の資格にも当たらないそうです。アメリカの刑法を適用しません。なぜキューバのグアンタナモに監禁したかというと、アメリカの法律がとどかないからです。キューバの法律もとどきません。捕虜でもないから国際法もとどかない。なんの法律も適用できない。だから人権のない状態で監禁しているのです。

アメリカの刑法での容疑者であるなら、権利がいっぱいあります。弁護士と話せるし、検事が数週間の間に証拠をださなかったら釈放されます。検事が持っている証拠を見る権利があるし、自分に不利な証言をする人はだれかを知る権利があるし、裁判所で、その人が話すのを顔を見ながらきくこともできます。

「テロリスト」にはそれが全部ありません。「なんの法律に違反したのか」ときいても返事しません。「どんな証拠があるのか」ときいたらそれは国家機密。「だれが私をテロリストだと言ったのか」ときいたら、その人はスパイだからそれも国家機密です。カフカの小説の『審判』みたいに、ある日突然、あなたは有罪です。なんの犯罪かわからないけれどとにかく有罪、というような状態です。

そして、テロに対する戦争は、終わらない戦争です。

国に対して戦争をするのなら、いつかは終わります。どちらがかが勝つか、途中で苦しくなって一方があきらめるか、あるいは両方疲れて停戦状態で終わらせるか、いつかは終わります。それは、両側に終わらせる権限のあるもの、つまり政府が存在するからです。片方が革命運動だったら指導部があって、両者で戦争終結の合意をすれば、「戦争は終わった」と言って、兵士に武器をおろさせることができるのです。

テロに対する戦争は終わらせる方法がない

ところが、テロは政府でもなく、組織でもなく、戦術です。戦術に対する戦争をどうやって終わらせるかは、だれもわかりません。

なぜかと言えば、テロに対する戦争をする人から見れば、テロリストは兵士じゃなくて犯人です。だから、終戦条約を結ぶ相手とも認めておらず、交渉しません。これでは戦争を終わらせる条件を交渉できません。また、かりに交渉するとしても、戦術である「テロ」に交渉できる人は存在しません。司令官もいないし、主権者もいないし、国もないし、政府もないし、はっきりした組織さえないからです。

ウサーマ・ビン・ラーディンは、アルカーイダの象徴的なリーダーでしたが、アメリカは彼を悪魔だと思っていたから交渉しませんでした。そのかわり彼を殺しましたが、彼がいてもいなくてもやりつづける人がいて、戦争は終わっていません。終わらせる方法がないのです。

また、実態としても、テロに対する戦争には勝つ方法がありません。

国との戦争の場合、勝つ方法は2つあります。相手の政府が「負けた」と言うか、そうでなければ、相手の領土に入って少しずつ支配下においていく、あるいは相手の首都の政府の建物に入って支配する、という方法です。

でも、テロは領土を持っていません。建物も持ってないし、どこにいるのかもはっきりしません。軍はどうすればテロを負かすことができるでしょうか。テロリストやテロリスト容疑者をひとりひとり殺すしかありませんが、「テロリスト」は減りません。

ですから、テロに対する戦争とは、永久戦争なのです。

もっとも、9・11のアメリカに対するテロ攻撃のあと、アルカーイダは、米軍が私たちの聖地に入っているから、アメリカに対してテロ攻撃をするのだ、と説明しました。サウジアラビアにあるマッカ（メッカ）は、世界中のムスリム（イスラーム教徒）が1日に5回その方向へ向かって礼拝する聖地です。サウジアラビアにはキング・ハリド軍事都市と呼ばれる巨大な米軍施設をはじめいくつもの米軍基地があります。そのことを指しています。

ですから、米軍が中東から撤退すればアルカーイダのテロは終わらなくても、かなり減るでしょう。けれども、アメリカはそれをやってみようとはしません。なぜかというと、相手を「テロリスト」、つまり犯罪者として定義づけると、交渉したり妥協したりできなくなるからです。

日本が「集団的自衛権」で戦争をするなら、それは主にアメリカのやっている戦争にかかわる、という意味でしょう。今現在、アメリカのやっている戦争はこの「テロに対する戦争」です。

――日本がアメリカの「テロに対する戦争」に参加したら、自衛隊員（か日本軍兵士）も、ヘリコプターから人を撃つようなこともすることになるの？

どの国の兵士も、実際の戦争にかかわれば、第2章でお話ししたビデオに写ったようなことをやって、あのようにシニカルな人間になることがあります。日本軍は例外になると考える理由はとくにないでしょう。

こうして考えてみると、中国や北朝鮮と戦争しよう、と日本政府は本気で考えているわけではないと思います。でも、「戦争するぞ」という雰囲気をつくれば国内をつくりなおすことができますから、そういう意図がかなり入っていると思います。

戦争できる国、愛国心のある国、前の戦争がそんなに悪くないと思っている国、政府の言うことをきく国民……そういう国をつくりたいのだと思います。そうすれば、原発反対の運動も少なくなるし、政府を批判する人も減るし、もしかすると政府は昔のように聖なるものという気持ちが復活するかもしれません。そうすると、政府にとってとってもやりやすい。それをねらっているんじゃないかと思います。少なくともそういう側面がとても大きいと思います。

――だとしても、もしほんとうに戦争になったらだれが戦争に行くの？

忘れてならないのは、実際に戦場に行くのは、未成年もふくめた若い人ということです。アメリカでは軍隊に入れるのは18歳からで、親の許可があれば17歳からです。戦争すると決めるのは政治家か政治家を選ぶ参政権を持っている大人たちですが、いざ戦争になれば戦場に行くのはその決定に参加できなかった若い人たちです。

日本社会は、太平洋戦争が終わってから、だれも戦争にでかけた人がいない社会です。別の国の戦争に志願した人が何人かいるかもしれませんが、それくらいです。社会が戦争文化になっていませんから、自分が戦争に行きたいと思っている人はほとんどいないのではないでしょうか。あなたはどうですか？　今、自衛隊に入っている人たちの多くも、平和憲法があるから戦争をしないですむと思っていると思います。

戦争できる国になっても、それはすぐには変わらないでしょう。ですから、もし戦争をするなら、志願者が足りないんじゃないかと思います。志願兵だけで足りなければ、政府は徴兵制《ちょうへいせい》を復活させるでしょう。

戦争に志願する人が足りなければ徴兵制が復活する

——ええー、冗談でしょ？

当然、その前に議論があるでしょうが、徴兵制が導入されることも考えられます。その場合、まず男性を徴兵するでしょう。徴兵は対象となる年齢の人ならだれに来るかわかりません。あなたが男性ならもしあなたに徴兵の報せ《しら》（召集《しょうしゅう》）が来たらどうしますか？　女性を徴兵する国もありますが、日本はどうなるでしょう。そうはならなくても、あなたが女性なら、あなたの兄弟や親しい人のもとに来たら？

——どうするって、いやだけど行くしかないんでしょ？

徴兵されたら行くしかない、という考え方があります。太平洋戦争のときはそういう考えを持っている人がほとんどだったと思います。アメリカでもベトナム戦争以前の戦争のとき、だいたいの人が「召集がきたら行く」「それしか選択肢がない」と思っていました。でも、選択肢はあります。それは断る《ことわ》ことです。「良心的兵役拒否《りょうしんてきへいえききょひ》」といいます。国によって法律はちがいますが、「良心的兵役拒否」を認める国もあります。法的に許されていない場合にはつらい選択になりますが、それでも断ることは可能で実際に断る人もいます。

良心的兵役拒否って？

自分の良心に従って、軍隊に入らないとか、戦場に行かないと自分が決めることです。たとえばドイツの場合、ナチス時代には良心的兵役拒否はまったく許されていなかったので、兵役を拒否した人は死刑になっていました。それでも兵役を拒否した人が何人もありました。戦後は良心的兵役拒否が認められ、兵役の代わりに、兵役と同じ、あるいはそれ以上の期間のボランティア活動を選ぶことができるようになりました。２０００年代になると、ボランティア活動を選ぶ人の数は兵役を選ぶ人の倍くらいになり、ドイツは２０１１年に徴兵制をやめました。

兵役拒否って最近認められるようになってきたの？

おそらく大昔から兵役を断る人はいたと思いますが、近年の流れにつながる動きとしては、平和主義の教会のひとつ、イギリスのクエーカー（キリスト友会）がはじまりではないか、という意見があります。クエーカーができたのは17世紀、イギリスのピューリタン革命のころです。イギリスはプロテスタントになるかカトリックになるか、イギリス国教会になるかをめぐって内戦となる激しい時代でした。そのころキリスト教のいろいろな団体ができましたが、そのなかのひとつがクエーカーです。クエーカーは最初から非暴力で、18世紀のアメリカ独立革命でも戦いませんでした。

アメリカに徴兵制があったころも、クエーカーは戦争には行きませんでした。アメリカは第二次世界大戦がはじまってから徴兵制となって、朝鮮戦争のときも、ベトナム戦争のときもありました。兵役拒否については、あらゆる暴力、あらゆる戦争を否定する思想を持っていれば許されるかもしれない、という程度で、厳しい審査がありました。裁判のように審判の前で説明して、兵役拒否が認められるかどうかの結論が出されますが、認められなかった場合は徴兵されてしまいます。それでも、行かないと決めれば、犯罪になって最高5年の懲役《ちょうえき》でした。つらい選択ですが、それも選択なのです。兵役を拒否することは法的には犯罪かもしれないけれども、道徳的には犯罪ではありません。

第二次世界大戦中アメリカで兵役を拒否して代わりの奉仕活動を選んだ人は1万2000人いました。それも断った人がいて、何人かが刑務所に入れられました。イギリスでは、第二次世界大戦のときの良心的兵役拒否者が6万人いました。

――そんなに大勢？

はい。イギリスの平和運動はかなり大きな勢力でした。

アメリカでは、人を殺しに行くよりも刑務所《けいむしょ》のなかで数年間暮らしたほうがまし、と服役を選んだ人がベトナム戦争のときに増えました。法よりも自分の良心に従うと決める人が増えたのです。すると、その数は少なくても、召集が来た人には、これは選択の問題なのだ、ほんとうに行きたくないなら、行かないという選択もできるとわかりました。

最終的にベトナム戦争のときに兵役を拒否した人はものすごく増えました。良心的兵役拒否を政府に正式に認められた人は17万人、それ以外のやり方で兵役を避けた人もふくめると57万人。カナダその他の外国へ逃げた人とか、軍に入ってからの脱走兵も44万人あまりと、かなりの数にのぼりました。良心的兵役拒否者のもっとも有名な人は、当時のボクシング世界ヘビー級チャンピオンであったモハメド・アリでしょう。

前にもちょっと触れましたが、ベトナム戦争のとき日本でも米軍兵士の脱走を手助けする活動がありました。それによって16人が日本からスウェーデンに逃れました。

——徴兵されても戦争に行かない方法もあるんだ……。

はい、とてもきつい方法ですけれども、あることはあります。また、ベトナム戦争では、基地のなかの反戦運動もありました。「この戦争はばかばかしいし、やる意味がわからない」と、ベトナムにいる陸軍は命令に従わなくなりました。たとえば、「ジャングルのパトロールに行くから準備しろ」と命令されてもなにもしないとか。軍隊では命令には絶対に従わなければなりません。命令不服従は本来なら犯罪です。時代と国によっては死刑です。けれども、このときはそういう兵士が多すぎてお手上げでした。

それで陸軍は使えないから、アメリカは陸上戦を南ベトナムの軍隊に任せて、自国の空軍で空爆などをして戦争をつづけることにしました。空軍では反戦運動はあまりありませんでした。敵との距離感もあるし、顔も見えないし、臭いもないし、毎晩ベッドで寝ることができましたから。

ベトナム戦争のとき、反戦運動の大きな原動力となったのは徴兵制でした。18歳になると男性は徴兵されますが、たとえば大学に入っている間は免除されて、卒業してから全員ではありませんが、ランダムな方法で選ばれて徴兵されるおそれがありました。ですから大学生の男子学生たちには徴兵に対する恐怖があって、大学のなかの反戦運動が激しかったのです。徴兵ＩＤカードをデモでマッチで火をつけて燃やしたりしました。

ニクソン大統領の時代、ベトナム戦争の終わりとともに徴兵制を廃止しました。それは反戦運動の大勝利という評判でしたが、実は徴兵制がなくなると反戦運動がそれまでのように大きな勢力となることはなくなりました。徴兵制でなくなって戦争に行っているのは、多くが就職先の見つからない若者です。黒人やヒスパニック、まずしい白人が非常に多いのです。反戦運動を起こしそうな大学生は行かなくてもいいので、自分とは関係がなくなったのです。

話が少しそれましたが、もし、日本が戦争できる国になって、もし徴兵制が導入されて、もしあなたに召集が来たとしても、戦争に行きたくなければ、断る選択肢があるということは覚えておいてください。日本政府が「良心的兵役拒否」を認めなかった場合はつらい選択になりますけれど。

――でも、戦争しているときに兵役を拒否したら、みんなから非難されるんじゃない？

そういうことはあると思います。兵役に就《つ》かないのもつらいけれども、戦争に行くのはもっとつらいと思えば、行かないことを選ぶことはできます。最悪の場合は数年間刑務所のなかで暮らすかもしれません。ぼくはそれを勧めるわけにはいかないけれど、そういう選択肢はあるし、それを選ぶ人は、臆病《おくびょう》やなまけものではなく、勇気と信念のある人たちです。もし召集がきたら、それは、どういう選択をするのか考えて決めるときです。

——でも、国がなければ今の生活もできないわけだし、国に逆《さか》らってもいいの？

国は国民全員です。政府は国の小さな一部です。たしかに国に対していろいろ義務があると思います。税金を払うとか、恩恵も受けているからそれを返さなければいけないでしょう。学生だったら、大人が払った税金で教育をうけたし、大人になったら、役にたつ仕事でその恩返しをするでしょう。

そして、国がもしまちがった政策をとるなら、それを直そうとする義務もあります。もしあなたが軍隊に入って戦争にでかけることが国＝国民のためにいいことだと思ったら、軍隊に入ったほうがいいでしょう。私は若いときそう思ったから、海兵隊に志願しました。国＝国民のためによくないと思えば、ほかの選択を考えなければなりません。

自分の良心にしたがって兵役を拒否する人は臆病やなまけものではなく、勇気と信念のある人

こういう答え方もあると思います。

もし自分のお父さんがアルコール中毒になったら、お父さんに対する義務はなんでしょうか。お父さんに育てられて、お父さんお母さんのおかげで自分が存在しているからものすごい義務があると思います。もしお父さんがアル中になったら、その義務はお酒を持ってくることか、「お父さん、お酒やめなさい。アル中だよ。自分の体をこわすよ」と言うことか、どっちが義務でしょうか。

お酒を持ってくる子どももあるいは奥さんもいますが、それでは共犯者になります。お父さんの病気を応援している。ほんとうにお父さんを愛しているなら、治ってほしいと思うでしょう。「お酒を買ってこい」と言われても、買いに行かない、怒られてもお父さんが治るように声を出す。それが、ほんとうの意味で愛することだと思うんです。愛国心もそうだと思います。戦争につながる愛国心もありますが、そうじゃない、自分が愛している国に暴力を使ってほしくない愛国心もあると思います。

結局は、あなた自身の判断です。

大人が正しいと言ってるから、私も正しいとします、というのであればそれもあなたの判断です。政府が正しいかどうかわからないけれども、政府に従います、というのも自分の判断です。

戦争につながる愛国心じゃない
自分の愛している国に暴力を使ってほしくない愛国心もある

徴兵制があって良心的兵役拒否が認められていない韓国では、毎年500人程度が兵役を拒否して服役しているそうです。その多くはキリスト教の信者です。また、女性もふくめ国民全員が徴兵の対象となるイスラエルでは、数年前から、軍隊に入って国を守るための任務にはつくけれども、イスラエルが軍事占領しているパレスチナでの破壊や軍事的な弾圧などの任務を拒否する、という現役兵士がいます。政府がしていることや政府に命令されたことがまちがっている、と考える人が声を上げています。

――うーん、シビアだなぁ。

はい。簡単なことではありません。また、こういう模範《もはん》もあります。

イギリスの植民地となっていたインドに生まれたガンジーは、1920年、独立運動の一部として、インド植民地政府をくつがえすための運動を起こしました。21年に彼は逮捕され、政府を倒そうとした反逆罪として裁判にかけられます。その裁判は1日で終わりました。

ガンジーは「そうです。政府を倒したいと思って運動をしました。インド独立運動です。だから有罪です」と言って容疑を認めました。そして、裁判官に向かって「あなたには2

つの選択肢があります。ひとつは有罪判決をだして私を牢屋に入れること、もうひとつは裁判官の仕事をやめることです」と言いました。裁判官はやめないで6年の実刑判決をくだし、ガンジーは「わかりました。でも、私は釈放されたらまた同じことをしますよ」と言って牢屋に入りました。

この態度です。

ふつうの人には無理と思うかもしれませんが、法的に有罪ということと、倫理道徳的《りんりどうとくてき》に反省しなければいけないことは別、ということがわかると思います。同じように、兵役を断るのは犯罪になるかもしれません。あるいは、ひどい人と思われるかもしれません。けれども、心のなかで「戦争しないことは犯罪ではない」と自信を持って暮らすこともありえるのです。

法的に有罪ということと倫理的にまちがっているかどうかは別

基本的人権についても同じです。基本的人権が法律によって認められないということと、人権がほんとうに権利としてないことは別です。

人権は、憲法に「ある」と書いてあるからあるんじゃなくて、書いてなくても人権はあります。どうして人権が多くの憲法に書かれるようになったかといえば、昔、人権が許されていない段階から、「人権はある」と言った人たちがいたからです。

たとえば、言論の自由はないと言われても自由にしゃべりつづける人がいました。逮捕されたり、監禁されたり、殺されたりすることがあったけれども、「言論の自由はある」「人間は自由にしゃべるようにできている生きもの」「私は自由にしゃべる」という人たちがずっと存在しつづけたおかげで、文章化されて憲法に入るようになりました。

ビルマ（ミャンマー）のアウンサンスーチーさんが、1989〜2010年のほとんどの期間を、軍事政権によって自宅に軟禁《なんきん》されてきたのは、軍事政権のもとでは自由にしゃべることは法律違反だったからです。それでも、アウンサンスーチーさんは黙りませんでした。

世界中のいろんな国に政治犯がいます。その国の法律は言論の自由は許さないけれども、書いたりしゃべったりする人たちです。

もしも自民党の改正案が憲法になったら、そういう状態——戦前や戦争中の日本のような状態——に近づくことになるでしょう。でも、だからといって、言論の自由があると思えば自由にしゃべればいいんです。怖いけれど。法律で禁止されたから言論の自由がなくなるものではないのです。しゃべる権利がないんじゃなくて、しゃべる権利を実行する人がつらいということです。権利がないんじゃなくていじめる人がいる。そのちがいです。

思っていることを言うのは人間にとっていちばん人間らしいこと、言論の自由は人間の構造に入っています。「走ってはいけない」という法律をつくろうと思えばつくれます。それを守ることもやろうと思えばできます。でも元気な若い人は走りますよね。人間はそのようにできているから。同じように人間は自分の思っていることを言うようにできています。そういう意味で、憲法で人権が認められなくなっても、人権はなくならないのです。

もし、あなたが戦争はよくないと思って、自分は行きたくないし、自分の国は戦争にかかわってほしくないと思うなら、戦争できる社会のなかにどうやって暮らすか、簡単な答えはありません。でも、自分の考え方に自信を持ってください。たとえその考えが法律違反になったとしても、その考えはまちがっているかどうか、自分で考えて決めるものです。

それに、あなたと同じように考える人はほかにもいます。仲間を見つけて励《はげ》ましあえば、とても力になるはずです。

たとえ憲法で認められなくなっても 人権がなくなるわけではない

それでは、つぎに沖縄から戦争について考えてみたいと思います。今の日本のあり方は沖縄をぬきにしては成り立たないからです。そしてそれは、沖縄が日本のなかで唯一《ゆいいつ》太平洋戦争で陸上戦の戦場となったこととも深く関係しています。

第5章

沖縄から考えるってどういうこと？

――どうして沖縄なしでは今の日本のあり方が成り立たないの？

その問いには、この章をとおしてお答えしていきたいと思います。

そのまえにまずお断りしますが、ぼくは２０００年から沖縄《おきなわ》に住んで、今年で14年めになります。沖縄の人ではないし、沖縄の人の気持ちを言う立場ではありませんが、沖縄に住んでいて自分が学んだことをともにお話ししたいと思います。

まずは、今の日本のあり方がどのようにして決まっていったのか、第1章でお話ししたことと少し重なりますが、戦後に遡《さかのぼ》って順を追って見ていきましょう。

１９４５年、日本は第二次世界大戦（太平洋戦争）に負けます。占領軍《せんりょうぐん》として米軍が日本に入ってきて、仮の基地をつくり駐留《ちゅうりゅう》していました。翌年、軍事力を持たないという日本国憲法ができましたが、すでに米ソの対立（東西対立）が深まってきていて、アメリカは日本に再び軍事力を持たせたいと思いはじめます。

１９４８年、アメリカ政府は、占領軍司令官で当時実質的に日本を統治していたダグラス・マッカーサーに対して、９条をやめて日本軍をつくるようにという指示をだします。それに対してマッカーサーは「平和憲法をつくってしまったからそれはできないが、沖縄に基地をつくれば問題ない」と答えています。「日本を軍事力で防衛《ぼうえい》しなければいけないのはたしかだが、これからの戦争は飛行機中心になるから、沖縄は遠くない。沖縄に半永久的に残るような米軍基地をつくればいい」ということを言っています。

そうすれば、日本国憲法の9条はそのままで、軍事力によって日本を守ることができる、という考えです。マッカーサーの頭のなかでは、憲法9条と沖縄の基地は同じ政策の裏と表だったのだと思います。

――憲法9条と沖縄の基地が表裏一体？

はい。日本にもういちど軍隊を持たせなくても、米軍が日本に基地をつくっていつまでもいられるようにすれば、日本の「平和主義」を軍事力で守れる、という考えでした。

1950年に米ソ対立が激化して朝鮮戦争《ちょうせんせんそう》がはじまると、日本に駐留していた米軍の多くが朝鮮半島に行ってしまうため、国内秩序維持《こくないちつじょいじ》のために警察予備隊（のちの自衛隊）がつくられます。

朝鮮戦争さなかの1951年、日本と日本が負けた国々（連合国）との平和条約が締結《ていけつ》されました。「サンフランシスコ講和条約《こうわじょうやく》」とも呼ばれています。平和条約（講和条約）

は、戦争が終わったあと、交戦国の間で国境や領土、賠償《ばいしょう》などについて決める条約ですが、このときは東西対立の影響をうけて、ソ連、中国ほか社会主義諸国は参加していないなど、日本の交戦国すべてとの平和条約ではありませんでした。

それでも、翌1952年の条約発効とともに、日本は戦勝国による占領から脱し、国の主権を回復しました。けれども、この条約によって沖縄だけはアメリカの施政下におかれることとなり、沖縄はアメリカ軍が支配する占領状態がつづくことになりました。ですから、日本で「主権回復の日」と呼ばれる条約が発効した日は、沖縄では「屈辱《くつじょく》の日」と呼ばれています。

この平和条約が締結されたのと同じ日、アメリカと日本は「日米安全保障条約《にちべいあんぜんほしょうじょうやく》（安保《あんぽ》条約）」を結びました。日本が主権を回復した後も、日本国内に米軍が駐留しつづけるという内容です。

日米安保条約は、講和条約とセットで交渉《こうしょう》され、同じ日に結ばれました。つまり、講和条約を結ぶ条件です。もちろん、これに署名《しょめい》しないと講和条約を断るという言葉はどこにもありませんが、だれでもわかります。「安保条約を結ばなければ講和条約ができないよ、国家主権を返さないよ」と、アメリカが日本に押しつける形で結ばれたのが日米安保条約でした。憲法のことは「押しつけ憲法」と呼ばれますが、なぜか安保条約については「押

日本の主権回復とセットにして
アメリカが押しつけて結ばれたのが日米安保条約

	沖縄	日本
1945年	敗戦、連合軍の占領下に	
1946年	日本国憲法公布	
1953年	サンフランシスコ条約発効	
	米軍施政下に 米軍による土地の強制収用開始 基地の建設が進む	**主権回復**
1954年		高度経済成長はじまり
1964年		東京オリンピック
1972年	沖縄日本復帰・日本国憲法適用	
1973年		高度経済成長おわり （石油ショック）

しつけ安保」とは呼ばれません。

　そして、アメリカの支配下におかれつづけた沖縄は、平和条約の枠《わく》に入っていなくて、相変わらずアメリカの戦利品状態でした。そして、米軍は旧日本帝国軍の基地も使いましたが、それ以外に農地や民家だったところに新しい基地もつくりました。暴力的に地主から土地が奪われ次々に基地がつくられていきました。それは沖縄の人が「銃剣《じゅうけん》とブルドーザー」と呼ぶすさまじいものでした。市街地を含め沖縄は米軍基地だらけになり、１９７２年に再び沖縄が日本に「復帰」したあとも多くの基地が残っています。現在（２０１２年）日本国内に在日米軍の施設、演習用などの区域は北海道から沖縄までの都道県に１３３あり、５万２０００人ちかい米軍兵士が駐留していますが、面積にしてそのうちの７４％が、日本領土の０・６％でしかない沖縄に集中しています。

　これが日米安保条約のもとにある日本の姿です。

　日本国憲法には、軍事力に頼らず、平和外交で国の安全を守る、と前文に書いてあります。該当《がいとう》部分を見ておきましょう（前半は第４章でも引用した箇所です）。ここで重要なところに傍線をしておきます。

日本国憲法前文

平和条約と安保条約により沖縄は
米軍の占領下におかれ、基地がつぎつぎにつくられた

日本国民は、正当に選挙された国会における代表者を通じて行動し、われらとわれらの子孫のために、諸国民との協和による成果と、わが国全土にわたって自由のもたらす恵沢を確保し、政府の行為によって再び戦争の惨禍が起ることのないやうにすることを決意し、ここに主権が国民に存することを宣言し、この憲法を確定する。そもそも国政は、国民の厳粛な信託によるものであって、その権威は国民に由来し、その権力は国民の代表者がこれを行使し、その福利は国民がこれを享受する。これは人類普遍の原理であり、この憲法は、かかる原理に基くものである。われらは、これに反する一切の憲法、法令及び詔勅を排除する。

日本国民は、恒久の平和を念願し、人間相互の関係を支配する崇高な理想を深く自覚するのであって、平和を愛する諸国民の公正と信義に信頼して、われらの安全と生存を保持しようと決意した。われらは、平和を維持し、専制と隷従、圧迫と偏狭を地上から永遠に除去しようと努めている国際社会において、名誉ある地位を占めたいと思ふ。われらは、全世界の国民が、ひとしく恐怖と欠乏から免かれ、平和のうちに生存する権利を有することを確認する。

自衛隊が憲法と矛盾していることは第1章でお話ししましたが、日本の軍隊でなくても、軍事力が日本国内に存在することは、自衛隊と同様にその精神に反しています。

——日本の軍隊でなくても、軍事力には変わらないから？

そのとおりです。基地とは戦争をするための軍隊がいるところです。実際に、朝鮮戦争、ベトナム戦争、湾岸戦争、イラク戦争、アフガニスタン戦争などの戦場に、在日米軍基地から米軍が送られていきました。この本のはじめに、第二次世界大戦後アメリカは数々の戦争をしてきたけれども日本はいちども戦争をしたことがないとお話ししましたが、実はアメリカがかかわったいくつかの戦争には、日本の基地から兵士や武器が送られていたのです。今現在は、沖縄の在日米軍は、第4章で説明した「テロに対する戦争」をつづけています。

日本のなかに世界最大の軍事力を持つアメリカの軍隊が相当な規模で存在していて、その軍隊は世界各地の戦争に出かけて戦場で多くの人を殺している……。すると攻撃された側の人たちはどう思うでしょうか？　日本に存在する軍事力を怖れます。ベトナム戦争のとき、ベトナムを空襲しているB52爆撃機が嘉手納《かでな》基地から来ていると知ったベトナムの

在日米軍基地は、平和外交で国の安全を守るという憲法9条の精神に反している

人たちは、沖縄を「悪魔の島」と呼んだそうです。

そして攻撃されていなくても、その軍事力は怖い存在になります。憲法9条は戦争だけではなくて、「戦争の威嚇《いかく》」も禁止していますが、日本にアメリカ軍がいるということは、周囲の国々をその軍事力で脅《おど》かしているようなものなのです。

何年か前にこんなことがありました。当時、憲法9条を世界遺産にする運動があって、ぼくはある人から「憲法9条を世界遺産にする運動は素晴《すば》らしいですね。本当になる可能性があると思いますか？」と興奮気味にきかれたことがあります。それに対してぼくの答えは「日米安保条約があるかぎり、米軍基地があるかぎり、日本がアメリカの核の傘《かさ》に入っているかぎり、そのように世界からほめてもらえるとは思えません」でした。「核の傘」というのは、アメリカの核兵器の脅しも外交に使っていることを指しています。その核兵器はアメリカ本土にあるだけではなくて、グアム島にもあるし、日本の近海にいる米軍艦、潜水艦などにもあります。日本政府は日本国内の米軍基地にはないと言いますが、それを確かめる方法はありません。

ぼくの冷たい答えにその人はびっくりして、「米軍基地をなくすというのですか？　そうすれば日本は無防備になってしまいます。ほかの国には軍事力があるのに、それでは危ないでしょう」と言いました。「国の安全を守るのに軍事力に頼らない」という憲法9条が世界遺産になってほしいと言ってから1分も経っていないのに。

ところが、このような「二重思考」は珍《めずら》しくありません。世論調査の結果を見ると、この人の個人的な問題ではないようです。

２０１３年の朝日新聞による世論調査では、日米安保条約を支持する人は81％でした。一方、52％の人が憲法９条は変えないほうがいいと答えています。安保条約に積極的に反対と答えたのは11％でした。９条を変えないほうがいいと答えている52％のうち、11％の安保の反対の意見を除いて、残りの41％は両方、つまり平和憲法も米軍基地もほしい、ということになります。

日本は平和な国だと思いたい、だけれども米軍基地がないと不安、と思っている人が多いのです。

一方、沖縄だけにかぎってみると、日米安保条約に賛成の人は10％前後です。その沖縄には、在日米軍基地の面積の74％が集まっています。市街地にも基地が連なっています。１５２、１５３ページの地図と１８３ページの写真を見てください。

――基地のまわりに学校がいっぱいある！

日本は平和な国だと思いたいけど米軍基地がないと不安、という「二重思考」の人が多い

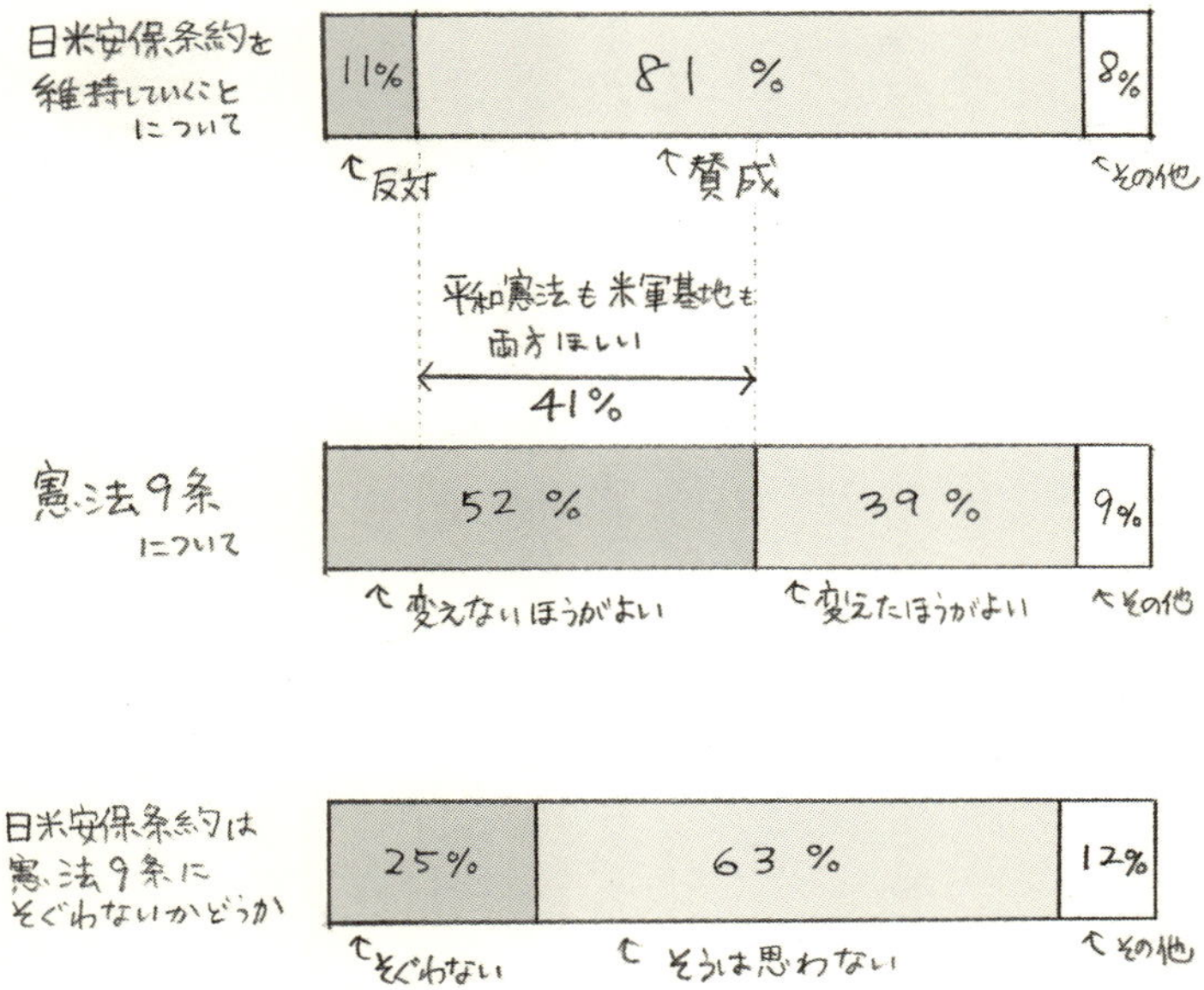

朝日新聞2013年4月世論調査結果より作成

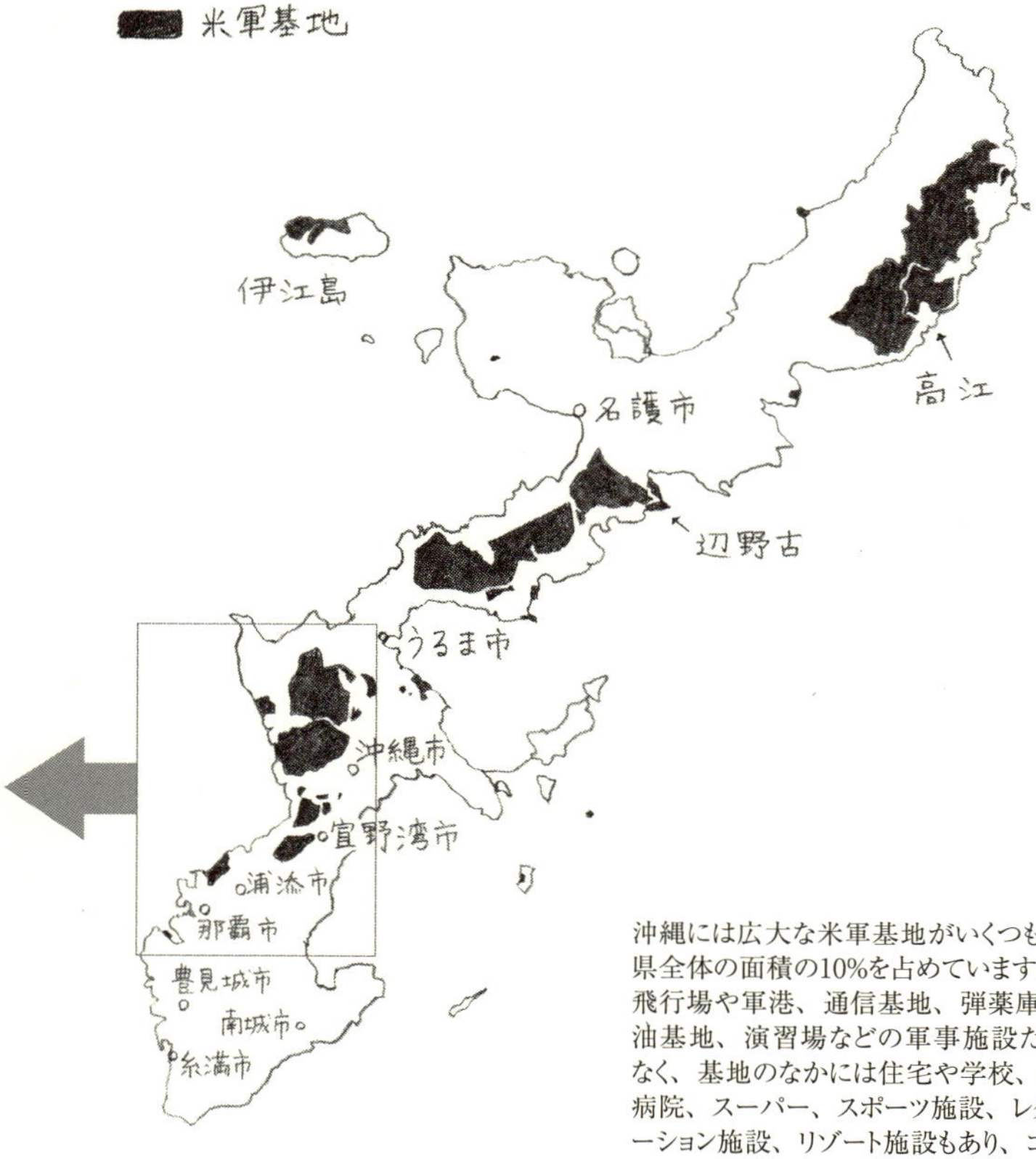

沖縄には広大な米軍基地がいくつもあり、県全体の面積の10%を占めています。
飛行場や軍港、通信基地、弾薬庫、貯油基地、演習場などの軍事施設だけでなく、基地のなかには住宅や学校、教会、病院、スーパー、スポーツ施設、レクリエーション施設、リゾート施設もあり、ゴルフコースもあります。

須田慎太郎・写真、矢部宏治・文、前泊博盛・監修『本土の人間は知らないが、沖縄の人はみんな知っていること　沖縄・米軍基地観光ガイド』書籍情報社より作成（左ページも）

米軍基地
小 小学校
中 中学校
高 高校
大 大学
文 その他の学校
嘉手納基地
アメリカンビレッジ
普天間基地
沖縄市役所
宜野湾市役所
浦添市役所
那覇市役所
那覇空港

はい。文字どおりフェンスを隔《へだ》てただけで隣接《りんせつ》しているところもあります。人が住んでいたところに基地をつくったために、人々の生活が基地の周りに押しやられたのです。アメリカの法律では基地は市街地のちかくにはつくれませんが、アメリカはその法律を沖縄では適用せずに基地をつくりました。日本の空港法にもこのようなつくり方は禁止されていますが、ここは「空港」ではなくて「基地」だから適用しない、というのです。

アメリカや日本の一部の感覚で、「軍隊がいたほうが安全」「軍隊が私たちを守ってくれる」という考え方があります。「軍隊がいないと危険」という考え方です。ところが、沖縄の人には、そのような経験がありません。彼らは「軍隊がいたほうが危険」と言います。

沖縄の近代史を振り返ると、軍隊に守ってもらった経験はありません。

かつて沖縄は琉球王国《りゅうきゅうおうこく》という独立国でした。17世紀のはじめ、薩摩藩《さつまはん》の島津《しまづ》氏の支配下に入りましたが、まだ王国として中国や東南アジアとの交流がつづいていました。

１８７９年（明治12年）、明治政府は軍を送って暴力的に琉球王国をつぶして、日本領土にしました。そのとき、琉球王尚泰王《しょうたいおう》は軍の基地だけは置かないでほしいと頼んだそうです。軍をおけば戦争がくるからです。それでも明治政府は、「軍隊をどこにおくかは政府が決める」と言って、日本帝国軍の基地を沖縄につくりました。ここにはじまった軍事基地があったために、太平洋戦争でアメリカ軍が上陸し、沖縄戦になりました。帝国軍のいない離島ではだれも死ななかったという事実もあります。

だから、軍がいればかえって危ない、基地があれば戦争がくるかもしれない、ということは、頭のなかで考えているのではなくて、歴史の体験です。

日本政府もマスコミも中国は怖い、北朝鮮は怖い、という雰囲気をつくろうとしていますが、たしかに、中国軍のコンピュータには沖縄を攻撃するプログラムが入っているはずです。当然です。入っていなければ、その責任者はクビにするべき。それは仕事です。北朝鮮軍にも同じようなコンピュータプログラムがあるはずです。

なぜかというと、米軍基地があるからです。

もし、アメリカが中国あるいは北朝鮮と戦争するなら、空襲するための爆撃機は沖縄の嘉手納基地から飛び立つでしょう。そうすると、国際法によって、相手は嘉手納基地を空襲、あるいはミサイルを送る権利があります。権利というと変な言い方ですが、嘉手納基地から攻撃されれば、嘉手納基地を攻撃することは戦争犯罪にはなりません。

嘉手納基地が攻撃されれば、その周りにもミサイルが落ちるでしょう。気象条件や偶然によってちょっとずれる場合もあるでしょう。沖縄は米軍基地だらけですから、沖縄全体が攻撃されることになるでしょう。

ですから、基地があるから安心なんじゃなくて、基地があるからかえって怖いのです。

基地は戦争の磁石です。

実際、9・11のテロの後、沖縄旅行の予約キャンセルがあいつぎ、沖縄県は「だいじょうぶさぁ〜沖縄」キャンペーンを展開して安全をアピールしました。半数近い修学旅行がキャンセルされたことをうけて、日本政府も「沖縄修学旅行助成事業」を実施し、補助金を出してキャンセルをくいとめようとしました。

――学校の先生たちも生徒の親たちも基地があるから危ないってわかってるんだね。

そうです。米軍基地がなければ、アメリカを標的としたテロと沖縄はなんの関係もありません。沖縄の人の基地反対という気持ちは、理想主義じゃなく現実主義です。とくに沖縄の人たちは沖縄戦を覚えています。どれだけ怖いか、つらいか、覚えています。地獄のような体験を記憶していますから、現実主義的に基地が怖いんです。

太平洋戦争末期、1945年3月から6月のおよそ3ヵ月にわたって、沖縄に上陸した米軍と日本軍による激しい戦闘がありました。沖縄戦と呼ばれています。戦闘員として動員されたり、住む場所が戦場になったり、避難場所で集団自殺を強いられるなどで、沖縄県による推計では、住民の4人にひとり、12万人あまりの沖縄の人が犠牲《ぎせい》となりました。

沖縄の人は望んでいなくても、アメリカの戦争に間接的にかかわっていることになる

日本軍は住民を守りませんでした。沖縄戦については、19歳の学生で、にわかづくりの兵士として戦闘に参加した大田昌秀《おおたまさひで》さんにおききしたいと思います（175ページ）。

また、戦争がくるかもしれないということだけではなくて、沖縄の人たちは、米軍がその基地から戦争していて、その共犯者になるのがいやだということも言います。いちばん激しかったのはベトナム戦争のときで、連日、B52爆撃機が嘉手納基地から飛び立ってベトナムを空爆して帰ってくることを繰り返していました。ほかに仕事がなく基地のなかに勤めている沖縄の人たちが、間接的であれ戦争を手伝っていることにすごい罪悪感、非常にいやな気持ちになったといいます。

アメリカが戦争するのは沖縄と直接関係のない国々です。沖縄の人たちは望んでいないのに、その戦争に間接的に参加しているわけです。今、基地にある装甲車《そうこうしゃ》の迷彩色はベージュ系ですが、沖縄の人たちはそれを見て、この基地の軍隊が今は中央アジアや中東で戦争をしているのだ、と知らされるのです。戦争しているつもりはないけれども、かかわっているといういやな気持ちを沖縄の人は持っています。

そのほか、ここでは詳しくお話ししませんが、基地がもたらす弊害《へいがい》は、戦争に直接かかわらないことにも及びます。離着陸を繰り返す航空機の爆音は、周囲の学校では授業が中断されるほどです。また、墜落事故などの危険があります。２００４年、米軍のヘリコプ

ターが沖縄国際大学のなかに墜落、炎上しました。また、兵士による交通事故やひき逃げ、傷害事件などの犯罪もあとをたちません。そして環境も破壊されます。

たとえ戦争をしていなくても、基地があるだけでさまざまな生活への支障がでています。

——でも、もし米軍基地をおくなら位置的に沖縄がいちばんいいんでしょ？

沖縄が戦略的に重要なところに位置している、と思っている人もいますが、それはまちがいです。以前、「基地は沖縄においたほうがいい」とぼくに説得しようとした人が「だって沖縄のほうがちかいでしょ」と言いましたが、「どこに？」ときいたら黙ってしまいました。１１３ページの地図を見てください。北朝鮮の平壌《ピョンヤン》には九州のほうがずっとちかいですし、北京《ペキン》にしても九州のほうがちかいです。今の軍隊の攻撃能力を考えれば、この程度の距離の差はあまり関係ありません。地理的に沖縄に基地をおくことがとくに重要ということはないのです。逆に、そんなたくさんの基地を沖縄におくことは、戦略的にまずいことです。

ぼくは海兵隊で戦略を学びましたが、自分の勢力を一ヵ所におくべきではない、というのは基本です。なぜかというと、いちどに全部やられる恐れがあるからです。アメリ

基地をおくのに沖縄が位置的にいいということはない。ましてたくさんの基地をおくのは戦略的にまずいこと

カは真珠湾攻撃《しんじゅわんこうげき》でそれを学んだはずです。たくさんの艦船が一ヵ所にあったために、日本軍の奇襲を受けていちどに多くの船を失いました。

戦略的には二度とそういうことはしないはずですが、沖縄では基地、基地、基地、基地と並んでいます。これは賢くないやり方です。それにもし、仮想敵が中国であるならば、ちかすぎます。中国から見ると簡単にミサイルで攻撃できる場所にあります。

つまり、沖縄に基地がたくさんあることの戦略的な理由はありません。アメリカにとって在日米軍の基地をひとつ沖縄におくのは意味がありますが、74%を集中させることは戦略で説明できません。

——じゃあ、どうしてそうなってるの?

米軍側の理由からお話ししましょう。米軍から見ると、第二次世界大戦で勝ち取って自分の土地にしてまだ自分の土地、という感覚があるのは沖縄だけなのです。戦争が終わってからの27年間、米軍の直接統治下にあった沖縄は米軍の私有財産のようなものでした。日本が文句を言うこともないし、勝手になんでもできるところでした。米軍から見ると沖縄は世界で唯一の戦利品。特別で手放したくないのです。

日本復帰はありましたが、基地のなかではなにも変わっていません。基地の外は日本に返したかもしれないけれど、すくなくとも基地のなかは戦利品。法的には米軍は日米安保条約によってそこにいる権利がありますが、気持ちとしては、勝ち取った土地。だから返したくないのです。もちろん、米軍のＰＲ部の人たちは公式にはそういう言い方はしませんが、心のなかでそう思っているのです。

――そんなに返したくない基地のなかってどうなってるの？

基地のなかはアメリカです。

お金はドルだし、言葉は英語だし、日本の法律もきかないし、日本の警察は入れないし、消防隊も別です。飛行場や弾薬庫、演習場など軍事施設のほかに、兵士や家族が暮らすための施設もそろっています。

基地の駐車場に、大きなバスが何十台も並んでいるのが国道から見えるところがありますが、ぜんぶスクールバスと書いてあります。それだけの子どもがいるのです。幼稚園から大学までの学校、教会、病院、ショッピングモール、映画館、遊園地、ゴルフ場、リゾート……沖縄の基地にはなんでもあります。警察、消防、裁判所、刑務所もあります。基地

基地の中はアメリカ社会

に入るとそこはアメリカ社会です。

軍人、兵士の家族、基地内の施設で働く人をふくめると４万７０００人あまり（２０１１年現在）が沖縄の基地に暮らしています。沖縄県の石垣《いしがき》市や長崎県の島原《しまばら》市など地方の中小都市の人口と同じくらいの人数です。

嘉手納基地に入ると不思議な感覚にとらわれます。車でなかに入ると、沖縄でなくなります。基地の外側は人口が多くて家と家の間のスペースがほとんどありませんが、基地のなかはずっと何もなくて野原みたいなところに点々と建物があります。家族が住んでいる住宅地もありますが、家と家の間は離れていて間には芝生があって、アメリカの郊外の住宅地のようです。ぜんぜん使ってない広大なスペースもあります。目の錯覚で、嘉手納基地は沖縄本島より大きいように感じてしまうくらいです。どうしてこんな大きな基地が小さな沖縄島のなかに入れるのか不思議になります。

——基地っていうイメージとちがってゴージャスなんだね。

米軍にとって、沖縄の基地は宝です。それぞれの基地が軍にとって利益のあるものでどれも手放したくないのです。

日本（本土）の理由、なぜ基地のほとんどを沖縄におきたいかという理由は、ちょっとちがうと思います。

世論調査結果をお話ししたとおり、平和憲法と米軍基地に守ってもらうという矛盾した2つを両方ほしい人がとっても多いです。

この矛盾をどうやって解決できるでしょうか。

基地はほしいけれども自分の家のちかくにはほしくない、とすると解決は沖縄です。

沖縄は、大和《やまと》（沖縄を含まない日本）の都合によって「日本」のときもあれば、都合によって「外国」として扱われています。沖縄は法的には日本ですが、歴史的文化的には琉球です。大和は沖縄を完全な意味で日本とは認めていないと思います。

「大和」ってあんまり使わない言葉だけど……。

「大和」という言葉は大和であまり使っていないかもしれませんが、沖縄では使っています。逆に沖縄では「本土」はあまり使いたくない人が多いです。「本土」と言えば、それは国の「本当の中心」という感じで、沖縄は二次的な周辺、辺鄙《へんぴ》なところというイメー

平和の国日本と米軍基地に守ってもらいたいという矛盾した気持ちを沖縄をつかって解決している

ジになります。沖縄は法的に日本になる前は、琉球王国でした。琉球人にとって、沖縄が自分の「本土」です。だから、琉球ではない日本人を「ヤマトンチュ（大和の人）」と呼んでいます（もちろんヤマトンチュにアイヌも入っていません。アイヌの人たちは日本人を「和人《わじん》」と呼んでいます）。

日米安保条約は日本の領土に米軍基地をおくという条約です。1972年以降は法的に沖縄は日本ですから、沖縄に基地があるのは条約どおりです。その場合、沖縄は（法的に）日本です。でも、大和になるべくおきたくないから、大和日本ではない沖縄においておけばほっとする。そうして、平和の国日本と米軍基地に守ってもらいたいという矛盾した気持ちを沖縄をつかって解決していると思います。

――本土の人は基地を他人事《ひとごと》にして、自分たちは平和な国の気分になって、でも押しつけた沖縄に米軍基地があるから守られていると感じているってこと？

そうです。先に紹介した朝日新聞の世論調査では、「日米安保条約は憲法9条の精神にそぐわないと思いますか？　そうは思いませんか？」という設問に63％が「そうは思わない」と答えています。米軍基地が沖縄に集中しているから、憲法9条との矛盾を感じないでいられるのです。

沖縄の人が基地について話しだすと必ず、「沖縄の面積は日本全体の0・6%なのに、在日米軍基地の74%が沖縄にある」と言います。これは不平等に対する不満です。あきらかに不平等だと思います。

日本全体の日米安保条約支持は81%ですが、沖縄の場合は10%前後です。圧倒的に基地に反対している沖縄に、圧倒的に多くの基地をおいておけるのはなぜでしょう。どうしてこんなに不平等な状態にしておけるのでしょうか。それは沖縄が植民地として扱われているからです。

――植民地？

明治政府は軍事力を背景に、琉球王国を消滅させて日本の領土としました（1879年）。琉球王国は小さな国でしたが、国王がいて政府がありました。似ているところはいっぱいありましたが、言葉も、宗教も、日本とはちがいました。独自の文化を持っていたのですが、明治政府は「同化政策《どうかせいさく》」を行いました。沖縄の人は日本の宗教を信じなければいけないし、天皇を崇拝《すうはい》しなければいけないし、日本語をしゃべらなければいけないし、日本

珍奇な名は改めよ

就職や社交上に損をする

沖縄の珍しい運動

縣人の姓名には頗る珍奇なものが多く就職や社交上に支障を來すことが多いので東京在住の本縣人を以て組織する南島文化協會では珍奇な姓名を改正することが縣人の利益なりとし團體的に改正運動に乗出すことになり八幡知事は目下歸省して各方面と折衝中である

柑橘組合技術員協議會　鹿児島縣各郡市柑橘組合技術員協議會は十一日午前九時から小川町商業館にて開催由雄農務課長はじめ技術員二十

進會總裁には中村知事、副總裁に阿部經濟部長、會長に河野縣農會長、副會長に由雄農務課長を推薦

明年第二十五回全國柑橘組合大會が鹿児島に開催される故縣にこれが補助方を陳情することになり正午閉會した

"改姓改名時代"

沖縄縣當局の計らひに

大喜びの願書續々

沖縄縣民の珍らしい姓名にいよいよ別れをつげる時がきた、縣外海外で活動する縣人がいかに難解の姓名のため泣かされたか、縣民に與へた精神的打撃は頗る大きく沖繩當局ではこの惱みから救ふため改姓、改名に特別な便宜を與へ、最近に至つて毎日平均十件の願書が縣兵事課に提出され、同課取扱ひ文書の約六割は全部改姓改名願出だといふから驚く

すなはち改姓は復姓が許され、沖縄の姓名は祖先の拜領地の地名を冠し拜領地が代る度に姓も變へてゐたもので、系圖によつて證明される者に對しては復姓が許され最近許可された珍姓名の改姓を紹介すると（下は改姓）眞境名（マザキナ）新城▲大工廻（ダクジヤク）中城▲勢理客（ジツチヤク）照屋▲勝連（カツチン）山田▲嘉數（カカチ）日高▲饒平名（ヨヘナ）永田▲嘉手苅（カデカル）中谷▲下茂門（シモゼウ）仲村

なほ改名は沖縄獨特の名は全部改名させる方針をとり、男の山戸、武太、龜、牛、蒲、次良、女のメガンサ、マイヌ、クヤマ、マイツガニ、ウシ、カマ、カメ、ナベなどが雪秋、千代、良、蓉、雪子などと他府縣同樣のやさしい女名前に代へることが出來、この改名届は物凄い人氣で、恐らく一年間の改名者が二三千名にもおよび、生れる兒は全部他府縣流の名前をつけてゐるので近く沖縄の珍姓名は全部解消するものと期待されてゐる

大阪朝日 鹿児島沖縄版

大阪朝日新聞鹿児島沖縄版より
右上1936（昭和11）年8月13日　左下1939（昭和14）年2月8日

ほかの植民地と同じように、沖縄でも同化政策が進められ、沖縄独自の名前を日本風に変えることが奨励されました。

風の名前にしなければならない……それを全部強制的にやらせるのが同化政策です。

別の国を軍事力を使って自分の国にして、その土地の文化を強制的につくりなおすことを植民地化といいます。明治時代の日本は、まずはじめに沖縄を植民地にし、次に台湾《たいわん》（１８９５年）、次に朝鮮半島（１９１０年）を植民地にして同化を強制し、自分たちの利益のためにさまざまに利用しました。

――沖縄が台湾や朝鮮半島と同じだったの？

そうです。沖縄がいちばんはじめに植民地化されて、正式な植民地時代は66年間におよびました。台湾と朝鮮半島はそれぞれ50年間と35年間の植民地時代ののち、戦後は独立して同化政策の影響は今ではあまり残っていませんが、沖縄は戦後も主権のないまま米軍の施政下におかれ、27年後に日本に「復帰」して、今にいたっています。

米軍による統治がひどすぎたので、また、平和憲法が沖縄に適用されるなら基地がなくなるかもしれない、と沖縄の人たちは日本復帰に期待しましたが、憲法の人権条項が沖縄にも適用されてよくなった部分はあるものの、基地がなくなることはありませんでした。

復帰から40年経っても基地負担の不平等は変わっていません。あんまりひどいので、日

植民地時代、米軍占領時代を経て
日本復帰後も、基地負担の不平等は変わらないまま

米政府も沖縄の基地負担を減らすことを合意、まずは市街地にある普天間《ふてんま》基地からなくすことにしましたが、そのために、普天間にかわる基地を沖縄本島の別の場所（名護《なご》市辺野《への》古《こ》）に新たに建設しようとしています。

――新しい基地をつくって、負担を減らすことになるの？

人口の密集している場所から人がすくない海辺に移せば負担が減る、という理屈ですが、どう思いますか？

今年（２０１４年）１月に名護市で市長選挙が行われました。この選挙では辺野古の基地建設に反対する稲嶺進《いなみねすすむ》さんが圧倒的な支持を集め、基地建設賛成の候補者に大差をつけて当選しました。つまり、名護市の市民ははっきりと基地をつくらないという選択をしました。

この選挙の期間中、自民党の石破《いしば》茂《しげる》幹事長は「市長選挙で基地をどこにおくかが決まるのではない。基地をどこにおくかは政府が決める」という発言をしました。

――あれ？　どこかで聞いたような……。

そうです。これは琉球処分のときの「軍をどこにおくかは政府が決める」という発言とまったく同じです。また、選挙の翌日、政府は基地建設のための業者を募《つの》る入札公告《にゅうさつこうこく》を行いました。市民の選択をまったく無視していいという態度です。

これが本土（大和）のなかの市長選だったらどうでしょうか。いくらなんでも大差ではっきりした民意をまったく無視することはできません。でも名護の人たちがものすごく反対しているのは無視する。名護の人たちの反対と本土の人たちの反対の重さがちがう扱いです。これを差別と言います。今でも沖縄を植民地扱いしているのです。

こんなこともありました。

２００４年、普天間基地のヘリコプターが基地のすぐとなりにある沖縄国際大学に墜落、校舎にぶつかって炎上するという事件がありました。

墜落してすぐ、基地のなかからフェンスを越えて海兵隊が来て、ヘリコプターからパイロットほか乗員をひっぱりだしました。これは当然ですが、そのあと、学長に連絡もしないで海兵隊が大学のキャンパスを占拠《せんきょ》したので、日本の警察も消防隊も入れませんでした。

海兵隊は現場のまわりに黄色いテープを貼って立ち入り禁止にし、ヘリコプターの残骸《ざんがい》と墜落した場所の土を掘って持って帰りました。

その日、ぼくはキャンパスに入って黄色いテープのところまで行きました。ピストルを持った海兵隊の憲兵が並んでいました。つまり、武装した軍隊が、狭い面積とはいえ日本国の領土を占拠していました。

日本とアメリカは、安保条約以外に、米軍は日本のなかでなにができて、なにができないかというルールを決めた「日米地位協定《にちべいちいきょうてい》」を結んでいます。それによると、米軍憲兵隊には、基地の外で日本国籍の人に対して警察権がないことがはっきりしています。つまり、鉄砲を持って、人に命令したり強制したりすることはできない、ということです。法的な根拠なしで、軍隊が武器を持って別の国の領土を占拠することは、国際法でなんと呼ぶでしょうか。大げさにきこえるかもしれませんが、それは軍事行動です。非常に規模が小さくてすぐ終わったし、暴力はなかったから目立たなかったけれども、でも、武器の威嚇があったから、警察も消防もマスコミもみんな「入るな」という海兵隊の命令にしたがいました。これは軍事行動だとぼくは思います。

そのとき知事の稲嶺恵一《いなみねけいいち》さんは、沖縄県民会の集まりで中南米にいましたが、いそいで帰ってきて、成田空港から小泉純一郎《こいずみじゅんいちろう》首相に会いたいと連絡しましたが、断られました。

小泉さんはホテルでアテネ・オリンピックをテレビで見ていて、「休暇中だから会わない」と断ったのです。

自分の国の領土を別の国の軍隊によって占領されるのは、国家の主権が侵害されることです。このことが本土で起きていたら、政府は怒っていたと思います。でも沖縄だったから、怒らなかったし、知事が会いたいと言っても相手にしませんでした。

——オリンピックを見ていて会わないなんて……。自分たちとは扱いがちがう。

はい。それが植民地扱いということです。

では、植民地扱いをやめて、沖縄の人たちと自分たちを同じに扱うとはどういうことでしょうか？　安保条約賛成、つまり基地に守ってもらいたいという人は大和日本で81％、沖縄は10％前後です。だったら、安保条約に賛成するなら責任をもって自分の家のちかくに基地をおくべきではないでしょうか？

——えっ、どこに？

沖縄を植民地扱いしないなら米軍基地はどこにおくべきか？

さあ、どうしますか？　沖縄に基地が多すぎる、けれども安保条約はほしい。沖縄から本土に基地を移さなければならないとしたら？　自分が住む場所のちかくはいやですか？　たぶん、みんなそう思うでしょう。すると安保をあきらめますか？

――基地をがまんして安保をとるか、安保をやめて基地もなくすか……でも、基地がないと不安な気もするし、そしたら、基地のおき場所をどうするか……堂々巡《どうどうめぐ》りしてしまう。

はい。大和日本の人が悩まなければならない問題です。基地の問題は「沖縄問題」と言われますが、実のところは「大和問題」だったのです。そして、あなたが悩んでいるとおり、大本《おおもと》の問題は日米安保条約です。

この日米安保条約が日本に与える影響のひとつは、日本の外交政策のいちばん基本的なところをアメリカが決めるということです。

外交政策のいちばん基本でいちばん大切なことは、同盟国はどこか、敵国はどこかを決めることです。米軍基地が日本にあるかぎり、米軍が敵と決めた国は、日本の敵にもなります。

アメリカがベトナム戦争をした場合、アメリカの敵である北ベトナムは日本の敵になりました。アフガニスタン戦争やイラク戦争のときも、遠くてあまり影響はないけれども、日本はそれぞれの国の敵国になりました。国会で議論したり内閣で議論して決めたことでもなんでもないのに、敵になるのです。なぜなら、日本にある米軍基地から、陸海空軍がそれぞれの国へ派兵されて攻撃している以上、その国は日本が「敵国」だと見るでしょう。そして事実として、日本政府は１９４５年以来のアメリカの戦争をすべて支持しています。日本の国益を考えたというよりも、米軍基地があるかぎりそうするしかないということでしょう。

けれども、これまでは平和憲法がありますから、アメリカの戦争に軍を送らなくてもすみました。自衛隊は米軍の手伝いに行っても戦場には行きませんでしたし、交戦権のもとで人を殺していません。

憲法を変えて日本が戦争できる国になれば、当然、日本軍は米軍の戦争に行って戦うことになります。あるいは、憲法を変えなくても、集団的自衛権の行使を認めると内閣で決めれば、集団的自衛権はアメリカのやっている戦争に参加するという意味ですから、アメリカのはじめた戦争に行っていっしょに戦争することになります。

日米安保条約があるかぎり、在日米軍基地があるかぎり、日本がどこと戦争するかとい

安保条約によってアメリカの敵は日本の敵になる
日本の国家主権の一部をアメリカが握っている

うことをアメリカが決めて、日本はついていく。そういう不思議な状態になります。これまでは平和憲法があったので安保条約の実質的な影響は少なくすみましたが、戦争にも参加するようになれば、影響は格段に大きくなるでしょう。兵士が人を殺したり、死んだり、日本にちかいところとの戦争なら、日本が反撃や報復されることもあるでしょう。

――アメリカがあちこちで戦争したら、その相手国がみんな日本の敵になるの？

そうです。日米安保条約によって、日本の国家主権の一部をアメリカが握っています。どこと同盟国になるのか、どこが敵国になるのかという国として外交のいちばん大切なことをアメリカ任せにし、日本がアメリカの戦争に巻き込まれるおそれがある条約でしたから、1960年の改定安保条約締結《ていけつ》の前には、反対する声が大きくあがり、全国で集められた署名は2000万筆あまり、東京を中心につぎからつぎに集会やデモが開かれ反対運動は非常に大きくなりました。そのため、衆議院での採決の際には、与党自民党は警官隊を呼んで野党の議員を国会議事堂から外へ追いだして強行採決しました。それをうけて、数十万人が国会を取り囲むなど反対運動はさらに勢いを増しましたが、日米安保条約は参議院で採決されることなく成立しました。

日米安保条約は10年を期限としているため、1970年にも学生を中心に反対運動がありましたが、このときには人々の支持は低く、安保条約は継続されます。その後の10年ごとの期限には目立った反対もなく継続され、今にいたっています。

さて、はじめのあなたの「どうして沖縄がなければ今の日本が成立しないのか」という質問の答えは見つかりましたか？　それを考えながら、大田昌秀さんに沖縄戦でどんなことを体験したのか、また戦後、沖縄の人はどんな目にあってきたのかおききしましょう。

そして、そのあと、沖縄の人は持っていないけれど、大和の多くの人が持っている「軍事力で守ってもらいたい」という願いについて、それが現実的かどうか考えていきたいと思います。

19歳で沖縄戦を経験した

大田昌秀さんにききました

大田昌秀さん
1925年生まれ。沖縄師範学校在学中、学徒兵として沖縄戦に召集されましたが、九死に一生を得ます。戦後は日米の大学で学び、大学教授を経て1990〜98年の2期にわたり沖縄県知事を務めました。県知事時代には、米・英軍兵士も強制連行された朝鮮人もふくめ沖縄戦で犠牲になった人すべての名前を刻む「平和の礎《いしじ》」をつくりました。
2001〜07年に参議院議員としての活動ののち、沖縄国際平和研究所を設立、「沖縄を基地の島ではなくて、平和の島につくりかえていく」ために現在も活動をつづけています。

ラミス　先生は沖縄戦を体験されていますが、そのときのことを話していただけますか？

大田　当時ぼくは19歳で、首里城《しゅりじょう》近くにある師範《しはん》学校に通っていました。沖縄には男子中等学校が12校、女学校が10校ありましたが、すべての学校から生徒たちが動員されました。12〜13歳くらいの少年少女も戦場にかり出されたのです。ぼくたちは鉄血勤皇隊《てっけつきんのうたい》といって、銃《じゅう》1丁《ちょう》と120発の銃弾と手榴弾《しゅりゅうだん》2個を持って戦場に出されました。日本軍の兵隊は怪《け》我《が》をしないように長袖《ながそで》長ズボンに脚絆《きゃはん》を巻いていましたが、ぼくたちは半袖半ズボンでした。ぼくの学年は125名いましたが、生き延びたのは35名くらいでした。

沖縄戦はそもそもまったく勝ち目のない無謀《むぼう》な戦闘《せんとう》でした。1945年3月26日に上陸を開始したアメリカを中心とした米英連合軍は54万8000人、当時の沖縄の人口約45万人を上回る大部隊でした。対する沖縄守備軍は日本軍9万人と、地元で急きょ召集された防衛隊やぼくたちのような学徒隊をあわせて11万人、5分の1くらいの兵力でした。

3カ月におよんで沖縄のほぼ全域が戦場となったこの戦争は住民を巻き込み、沖縄県住民の犠牲者《ぎせいしゃ》は15万人近く*、人口の3分の1にのぼりました。軍隊が住民を守らないというのは沖縄戦のいちばん大事な教訓です。体験した人はみんなそう考えていると思います。

ラミス　**軍隊は住民を守らなかったのですか？**

大田　まったく守らないどころか、邪魔者扱《じゃまものあつか》いするだけでなく、食料品などすべてを出させたうえで殺していました。民間人が壕《ごう》を掘って家族で入っているところに兵隊が入ってきて、子どもが泣くと米軍に壕の所在がばれるから子どもを殺せと言うのです。しかたなく母親が子どもをだっこして外に出るとたちまち爆弾でやられてしまうとか、5歳以下の子どもたちは壕外に出せと言って、きかなければ兵隊が青酸《せいさん》カリを注射して殺してしまうとか、そのようなことはほとんど毎日のように戦場で起きました。沖縄守備軍兵士に殺害された住民の数は確認できているだけでも数百人から1000人にのぼります。

ぼくは今沖縄各地の「字史《あざし》」を読んでいます。ひとつの村に20から25くらいの字がありますが、それぞれが字史を出しています。それには、「何月何日になんという人が日本の兵隊に殺された、その理由はこうだ」と具体的に書いてあります。字史を総ざらいすれば、沖縄戦の実相についてこれまで以上に詳しいことがわかると思います。

また、軍隊が民間人にたいして、絶対に捕虜《ほりょ》になるな、捕虜になったら女性は暴行されたあげく殺される、男性は即座に殺戮《さつりく》されるなどと洗脳《せんのう》し、村の人を集めて手榴弾を渡すなど、直接的・間接的に死ぬよう強制して、親子、兄弟、親戚同士が手榴弾や農薬、草刈《くさか》り鎌《がま》などで、むごたらしい殺し合いをする「強制的集団死」も10ヵ所ほどでありました。

敗残兵となった日本の兵隊同士もお互いに殺し合っていました。雑嚢《ざつのう》といって肩からかける布の袋が少しでも膨《ふく》らんでいると、食料が入っているからと、別の敗残兵が手榴弾をなげてその兵を殺して奪《うば》うのです。するとほかの敗残兵もそれを狙《ねら》うものですから、最初に奪った兵士が雑嚢の上に足を載せて手榴弾の栓《せん》を抜いて身構えているのです。
こんなものを毎日のように見ていると、こんな戦争ってなんなんだと思わずにはおれませんでした。聖戦、神聖なる戦争と教えられていましたが、こんな戦争が聖戦か、と。戦場の状態はほんとうにばかばかしい限りでした。軍隊が住民を守らないだけじゃなくて、住民同士もお互いを守らない。そのあげくわずかな食料のために同じ日本兵士同士で殺し合うのですから。絶対にどんな口実があっても、あんな殺し合いをやるべきではありません。

ラミス　地獄のような体験をされたのですね。

大田　沖縄戦は住民に消しがたい心の傷を残しています。激しい戦闘がつづいたため、当時米軍兵士に戦争神経症が見られました。那覇《なは》市に「おもろまち」という地域がありますが、そのあたりは、もっとも激しい戦場で、一説には、10日くらいで1800名ほどの米兵が精神異常をきたしたといわれています。
そのため米軍は特別な病院船を派遣して治療に当たらせました。そのとき、イェール大学のウィリアム・クラーク・マローニーという精神病理学者がきて治療に当たっています

戦場でなくなった母子
大田昌秀著『沖縄戦を生きた子どもたち』東京クリエイティブ21より

が、彼は、おもろまちの戦場では、激しい戦闘のなかを沖縄のお年寄りや子どもが右往左往して、犠牲になった人も多かったのに沖縄の人々には精神異常者が見当たらないのはなぜかと調べた結果、子どもの育て方のちがいを指摘しています。

米軍兵士は物心がついたら個室で生活し、きょうだいや親子の間のスキンシップが薄く、過酷な戦場で心を病むけれども、沖縄の場合は貧乏で個室なんかはなくて上の子が下の子を一日じゅうだっこしたりおぶったりして育てているからスキンシップが非常に緊密で、そのため同じ状況のもとでも精神障害者をださないのだ、と結論づけています。

けれども彼はまた、子どものときにこういう過酷な戦場体験をしたら大人になって必ず精神的な異常をきたすだろうと予言していました。今、その予言が現実に起きています。当時の子どもたちが今70代、80代ですが、その世代で精神を病む人たちが急増していて、それを調査した精神病理学者たちは、みな戦争のときのひどい体験が原因だと言っています。戦争というのはあとあとまで心に深い傷を残してしまうもので、人生がめちゃくちゃになってしまいます。

ラミス　でも、日本はまた戦争できる国になろうとしています。

大田　ぼくたちは十代で戦争にかり出されました。法的には十代の若者を戦場に動員するには、国会で法律をつくってその法律にもとづいてしか出せないはずでしたが、ぼくたちが召集されたとき、その法律はまだありませんでした。十代の動員を可能にする「義勇兵役法」ができたのは、沖縄守備軍の牛島満《うしじまみつる》司令官らが自決して果てた1945年6月22日のことでした。ですから沖縄の男女中等学校の十代の生徒たちは、法的な根拠もないまま戦場に送られたあげく2000人あまりのうち、過半数が命を落としました。ひとたび戦争がはじまったら軍隊や軍司令部それ自体が、法律なんか無視するから怖いのです。

ラミス　沖縄はアメリカによる占領時代、そして戦後も多くの基地に苦しんできました。

大田　1953年までは沖縄の人たちは米軍に対して友好的で感謝の気持ちさえ持っていました。なぜなら、戦争中に日本軍より米軍のほうが沖縄の住民の命を助けたからです。米軍には各戦闘部隊に数名の軍政要員がついていて、沖縄の住民を安全な場所に移動させる仕事をしていました。日本軍は戦況が悪くなると、スパイ活動をしていると言って住民を殺すこともありましたから、助けてくれた米軍に対して沖縄の人々は感謝していたのです。ところが、朝鮮戦争が始まって基地強化の必要に迫られた米軍は、1953年、「土地収用令」を出して沖縄の農民の土地を強制的に収用して基地をつくりはじめました。

農民は土地がないと生きていけません。土地を失った地主たちはテント小屋に押し込められて、たいへん苦しい生活をしていました。米軍はさすがに見かねて日本政府と相談し、世界中に沖縄移民の受け入れ先を探し、南米のボリビアだけが移住可能とわかると、500世帯単位で土地を失った地主たちをボリビアに送り込みました。

ボリビアでは山を切り拓《ひら》いて畑をつくらなければならず、病気が流行《はや》るなどして移住した人たちは大変みじめな生活を強いられました。彼らはアメリカからも日本からも見捨てられた「棄民《きみん》」にひとしい存在でした。

沖縄に残った人々も、過重な基地負担に苦しんできました。日本の国土面積のわずか0・6%にすぎない沖縄に、在日米軍の74%が集中し、那覇港はじめ29ヵ所の水域と、40%に及ぶ空域が米軍の管理下におかれて、自分の土地も、自分の空も海も自由に使うことができないありさまです。ある米国のジャーナリストが「沖縄に基地があるというより、基地のなかに沖縄がある」と表現したほどです。

ラミス　沖縄は基地がなければ生活が成り立たないと言われますが、どうなんですか？

手前が普天間基地、左奥が嘉手納基地、最上部右側が名護市辺野古
©琉球新報社

大田　1961年ころまでは基地で働いている地元住民は5万5000人、基地から入る収入は県民総所得の52～53%を占めていました。ところが、基地は返さないけれど労働者は解雇され、1972年に日本に復帰したときは、基地で働く従業員の数は2万人に減り、基地から入る収入は15・5%に急激に減っていました。現在、基地で働く従業員の数は9000人程度で、基地から入る収入は平均して県民総所得の5%でしかありません。

北谷町《ちゃたん》には1981年に返還されたハンビー飛行場跡につくられたショッピングセンター「ハンビータウン」と、隣接して開発された「アメリカンビレッジ」という遊園地や映画館などもある複合リゾートエリアがあります。3年かけて調査をした結果、基地が返されて民間企業が入ってくると雇用は10倍確保でき、所得は場所によっては100～200倍になるということがつかめました。ですから基地を全部返してほしい。そのほうが経済的にもはるかにメリットが大きいのです。

ラミス　けれども、今また、辺野古《へのこ》で基地建設が進められようとしています。

大田　1996年以来、辺野古のお年寄りたちは建設予定地ちかくのテントで座り込みをつづけています。それは、二度と沖縄を戦場にさせない、子や孫たちに同じ苦しみを負わせないという気持ちからです。沖縄戦の体験があるから十数年もの間つづけられているのです。

それに、辺野古の海、大浦湾《おおうらわん》は戦争中、餓死寸前になったとき魚を獲って命をつないだ海です。戦争が終わったら、魚を売ったお金で学用品を買い、子どもたちに教育を受けさせました。海は近郊の人々にとって大事な生活の源です。

また、沖縄県は3ヵ年ほどかけて環境調査をして、沖縄全域について「開発を全面的に容認するところ」、「開発は一部しか認めないところ」、「一切の開発を認めないで現状のまま保全するところ」の3つの分野に分けて指定していますが、大浦湾一帯は「一切の開発を認めないで保全すべき地域」となっています。そこの貴重な自然環境を求めて訪れる人も多く、エコツーリズムのメッカにもなっています。そこに基地などつくられたら、経済的にも付近の住民は大打撃を受けます。

もう亡くなりましたが、喜屋武眞榮《きゃんしんえい》という沖縄の参議院議員がいました。この人はいつも「小指の痛みを全身の痛みにしてほしい」と訴えていました。けれども、圧倒的多数を占める他府県選出の国会議員が沖縄の問題を自分の問題として考えてくれないために、沖縄の人の意見はつねに無視されてきました。そして、基地を返して欲しいという願いもかなえられないままなのです。

＊　沖縄戦の犠牲者数については、算出のもととなる資料が失われていることなどから、正確な数は把握されていません。

県は沖縄戦で亡くなった沖縄県出身者を12万２２２８人（１９７６年3月発表）と推計していますが、把握できなかった方もあると思われます。

一方、出身地にかかわらず沖縄戦で犠牲になった方すべての名前が刻銘される平和の礎には、現在、２０１４年６月までに判明した方24万１２８１人の名前が刻まれています。そのうち沖縄県出身者については、沖縄戦をふくめ15年戦争（１９３１年の満州事変から１９４５年の終戦まで）で犠牲になった方14万９３２９人が刻銘されています（１９９５年の除幕当時は14万７１１０人）。その多くが沖縄戦で亡くなったと推測されています。

第6章

軍事力で国は守れないの？

1 軍隊があるほうが危ないの？

――「軍事力で守ってもらいたい」と思うのは現実的じゃないの？

第5章でお話ししたように、沖縄をのぞく日本の多くの人が平和憲法とともに、日米安保条約もほしいと考えています。軍事力で守ってもらいたい、軍事力がないと不安という人が多いです。軍隊を持たないのは理想論で、軍隊を持つのが現実的と考えているのです。ところで、あなたは戦争に行きたいと思いますか？

――そりゃあ行きたくないよね。

ほとんどの人も同じだと思います。戦争に行きたくない、巻き込まれたくない、国に戦

軍隊を持ったほうが安全というのは現実にはそうなのか？

争を起こしてほしくない。つまり、「軍隊を持ったほうがいい」という考え方は、「軍隊を持ったほうが戦争が起こらないし現実的に安全」という考えです。

もし、ほんとうにそうだったら、ぼくも賛成します。

ところが、現実はほんとうにそうなのか？　という問題があります。

20世紀はじめの主流の考え方は、「軍隊を持っていたほうが暴力によって殺される人の数は減るはず」という考えでした。軍隊を持つのは戦争をするためではなくて、戦争が起こらないため。そのほうが安全。みんなが軍隊を持っていれば、抑止力《よくしりょく》となってだれも戦争しないのではないか、という考えです。

論理的に成り立つと思います。力の均衡論といいます。みんながだいたい同じ力を持っていれば、戦争をするようなばかなことはだれもしない、という考えです。

20世紀が終わったら、どんな結果がでたでしょう。

20世紀は人類の歴史のなかで、もっとも多くの人が暴力によって殺された100年間でした。膨大な数の人が殺されましたが、そのなかでいちばん多かったのは国家に殺された人たちです。国家には人を殺す「権利」がありますから、これは不思議ではありません。

――人を殺す権利って、戦争のこと？

そうです。国家には交戦権、国家が戦場で人を殺す権利があります。数えるのはむずかしいですが、この100年の間に、およそ2億人が国家の暴力によって殺されたと計算している人がいます。これには内乱や、国内の戦争での犠牲者を含みます。

20世紀にはたくさんの戦争がありました。第一次世界大戦で多くの人は機関銃と毒ガスで殺されました。第二次世界大戦でもっとも人を殺したのは空襲でしょう。それだけではなく、第二次世界大戦の最中、ドイツはユダヤ人を殺しはじめました。ユダヤ人は戦っていないから正式な戦争といえませんが、戦争から生まれた暴力です。600万人以上が殺されました。また1930年代のソ連では、政府の政策によって数百万人（正確な数はだれもわかりません）のいわゆるクラーク（裕福な自営農家）が殺されました。ここでこのような例を全部並べるつもりはありませんが、20世紀の間に国家によって殺された2億人の数には、こういう人も入っています。

20世紀に起こったどの戦争でも、兵士の死者よりも民間人の死者のほうが多かったことは第2章で話しました。

もうひとつの驚くべき統計は、死者のなかで、自分の国家に殺された人が圧倒的に多いことです。政府はほかの国との戦争で外国人を殺すより、もっと多くの自国民を殺しています。これも第3章でお話ししましたが、国の権力をめぐって戦争したり、反政府勢力を弾圧するなど、政府が軍をつかって自分の国民を殺していることが非常に多いのです。

だったら、現実主義者になりましょう。

戦争してもいい国家は20世紀の100年間に2億の人たちを殺しました。これが現実です。国家に交戦権＝人を殺す権利と人を殺す専門家である軍隊を持たせることは、現実として結構あぶないことではないでしょうか。

20世紀の間に2億人が国家の暴力によって殺された
国家に軍隊を持たせるのは現実として危険

――でも、やっぱり軍隊を持たないのは、不安な気がする。

そう感じるのは、いくつかの幻想があるからだと思います。

ひとつは、自分の国の軍隊を考えた場合、勝つイメージしかないことです。とくにアメリカはこの傾向が強いです。でも、勝つ国があればもちろん負ける国もあるので、戦争する国の半分は負けます。だから勝つ見込みは50%。あれほど犠牲をだして、あんなたくさんのお金がかかって、物が破壊されて、大事な人が殺されて、50%のチャンスというのはいい賭けではありません。

アメリカは、第二次世界大戦以来、大きな戦争に勝ったことがありません。朝鮮戦争は引き分け、ベトナム戦争はみごとに負けた。グレナダとパナマとの戦争は小さい国に対してのいじめ戦争で、これには勝った。湾岸戦争ではイラク軍をクウェートから撤退させることだけが目的であればそれは成功でした。

アフガニスタン戦争の目的はなんだったでしょう。アルカーイダというテロ組織を破壊することなら、それはできていません。アフガニスタンのタリバン政権を倒すことなら、タリバンは現在アフガニスタンの領土の多くを支配しているので、それも成功していません。アフガニスタンを民主国家にすることなら、それも成功していないらしい。

そしてイラク戦争はどうでしょう。イラクに侵攻した時、米政府が国連に説明した目的は、イラクの大量破壊兵器を破壊することでしたが、大量破壊兵器はみつかりませんでした。目的がイラクの独裁政権を倒して民主的な政権をつくることなら、たしかにサダム・フセイン政権を倒しましたが、現在の政権は民主的ではないし、国中の秩序は悪くなっています。もしアメリカの裏の目的が、イラクに親米政権を建てて（日本のように）半永久的な米軍基地をおいてもらうことなら、それも失敗に終わりました。２０１１年に、米軍は（数百人を除いて）イラクから撤退しました。

それなのに、いまでもアメリカ社会には絶対勝つという幻想がまだあります。

――アメリカっていちばん強いと思ってたんだけど、そんなに勝ってなかったの？

はい。不思議なことに、群を抜いて世界最大の軍事力を持つアメリカが戦争に勝っていません。軍事力に何ができるのか、考えなおさなければいけないと思います。

もうひとつの幻想は、今までの軍隊は国民を守らなかったけど、これからはちがうだろう、あるいは戦争に勝っていないけど、これからはちがうだろう、というもの。これはほんとうに非現実的な理想論、「国家ロマン主義」です。どうして今までと変わるでしょうか。今までの国家もこれからの国家も、軍事力を持たせれば同じことをするでしょう。

また、「軍隊を持つのは戦争するためじゃなくて、戦争しないため」という考え方は今でもありますが、現実はちがいました。20世紀初頭の第一次世界大戦は、はげしい地獄のような戦争で、そこから第二次世界大戦が生まれました。あるいは強い軍事力を持っていれば、政府がなにか冒険しようと思いはじめ(日本だったら満州《まんしゅう》に入ろうじゃないか、とか)、そうやってはじまった戦争はいっぱいありました。力の均衡論は現実にはうまくいきませんでしたから、今でもそう思っているなら幻想と言っていいと思います。

世界最大の軍事力を持つアメリカが勝ってない
軍事力に何ができるのか、考えなおすべき

そして、自分の国家によって殺された国民の数には、政府が戦争をはじめたことによって、相手国に殺された人たちは入っていませんが、入れるべきだという考えも成り立ちます。ナチスドイツはあちこちで戦争して、それによってロシア軍とか、フランス軍とかイギリス軍とか米軍とかがたくさんのドイツ軍の兵士を殺しました。ドイツが戦争をやりださなければ、殺されなかった人たちです。軍国主義の日本は満州に入って、太平洋の島に入って、東南アジアに入って、それによって日本の兵士が何百万人も死にました。日本軍が殺したのではないけれども、日本政府の政策によって殺されたのです。

「軍隊を持つほうが現実的に安全」という考え方は、現実的ではありませんでした。だから、考えなおしたほうがいいと思います。そのとき、憲法9条は参考になると思います。9条ができてから、日本は交戦権のもとでひとりの人間も殺したことはないし、ひとりの日本人も戦争で殺されたことがありません。これは、現実的な成功です。

ところで、たとえ戦争に賛成しない人でも、植民地解放戦争の場合、不当な支配から独立するための正義の味方として、解放軍を支持することがあります。植民地解放戦争はいくつもありましたが、結果を見ると、残念ながら独立戦争でできた政府はだいたい暴力的です。暴力によってできた政府は暴力的な政府になる、という結果がでています。

憲法９条があったから、ひとりも殺していないし、
ひとりの日本人も殺されていない。９条は現実的な成功

――でも、植民地から独立するにはしかたなかったんじゃない？

いいえ。ほかの方法がありました。インドはガンジーが指導した非暴力の運動で、世界最大の帝国だったイギリスをインドから追いだしました。非常に時間がかかったし、非常に苦しかったけれども、大英帝国を追いだしました。これは事実です。

イギリス人は優しいから、ガンジーの運動に良心が動かされてインドから出ていったのだ、というイギリス人が自分をほめる説がありますが、ちがいます。実力で追いだしたのです。

ガンジーは考えました。インドにはこんなに人口が多いのに、人口のすくない島国のイギリスはどうしてインドを占領して支配できるのか。近代技術や武器、経済力、組織力、英知などが勝《まさ》っているから、という説がありますが、ガンジーはそれを全部否定して、「私たちが協力しているから」と言いました。「だから協力しなければ、イギリスの力はない」と。

ガンジーの考えはこうです。

私たちはイギリスの会社に勤めるし、植民地政府の選挙に参加するし、裁判所も使うし、イギリス人がつくった学校に子どもを通わせるし、イギリスの品物を買う。だからイギリスは強いのだ。インドのなかのイギリスの力はもともと強いのではなくて、私たちがつくっているのだ。インドには70万の村がある。イギリスが70万人をインドに送っても、各村に1人にしかならないから支配できるわけがない。でも実際にイギリスが支配できているのは、私たちが協力しているからだ。

だから、私たちは協力しない。非協力が私たちの抵抗のやり方。イギリスの品物を買わないし、イギリスの法律を無視するし、イギリスがつくった学校に子どもたちを通わせないで自分たちで学校をつくる……など、すべてにおいて協力をやめる。そうすればニューデリーに植民地政府みたいなものがあったとしても、力はなくなる。

これがガンジーが考えたことです。実際、たいへん時間もかかりましたが、だいたい非協力抵抗によって、イギリスは手に負えなくなってあきらめました。「心の優しいイギリス人に訴える」やり方ではなくて、現実的に実力を政府から奪ったやり方です。

——ほんとうにそれで独立できたの？

はい。もちろん、インド人のすべてがガンジーのインド国民会議に入会して、その政策に従ったわけではありません。暴力を使う人もいたし、イギリスと協力しつづける人もい

イギリス（植民地政府）に力があるのは、インドの人たちが彼らに協力しているからだ、とガンジーは考えた

ました。しかし独立運動を指導していたインド国民会議の政策は非暴力抵抗・非協力で、それがイギリスを追いだす力になりました。

ただし、簡単ではありませんでした。警官に殴られたり、投獄《とうごく》されたり、きびしい弾圧にあいました。この運動は当時「消極的抵抗」と呼ばれましたが、ガンジーはその言葉は大嫌いでした。消極的ではないからです。「弱者の運動」とも呼ばれましたが、それにも彼ははげしく反対しました。ものすごく精神力の強い人でないとできないからです。

ともかく、非暴力運動が巨大な権力に勝った実例です。

――じゃあ、インドは暴力的な政府にならなかったの？

第二次世界大戦後、多くの植民地が独立しましたが、不思議なことに、ほとんどすべての植民地解放運動には偉大なリーダーがいました。エジプトにナセル、ガーナにエンクルマ、セネガルにサンゴール、ケニヤにケニヤッタ、インドネシアにスカルノ、ベトナムにホーチミン、などなど。そしてインドでは、ガンジー。それぞれの国が独立したら、その運動のリーダーがそのまま国の元首（大統領、首相など）になりましたが、例外はガンジーだけでした。

新しい政府をつくったのはガンジー以外の国民会議の指導部ですが、彼らは非暴力の政府ではなく、暴力を使える、戦争もできる政府をつくりました。ガンジーは非暴力のインドのイメージを持っていましたが、他のリーダーたちを説得できませんでした。ガンジーは彼らのしごとの邪魔にならないため、政府に入りませんでした。結果として、現在のインド政府はガンジーの理念が入っていない、普通の戦争ができる政府です。しかしその政府ができるまでの独立運動は非暴力だったという事実は変わりません。

ところが、インドが非暴力で独立を勝ちとったというのは、とても大事な例なのに、ほとんどの政治学の本には書かれていません。それは、ガンジーとガンジーが指導した運動を排除しなければ、軍事力がないと力にならないという政治学の根本的な原理がひっくり返されるからです。けれども、ガンジーが考えて証明した「弾圧的な政府が力が持てるのは協力する人がたくさんいるから」という考え方は、だれにでもわかる政治思想です。協力しなければ、権力は蝕《むしば》まれるのです。

非暴力運動は必ず勝つわけじゃない、という反論もあります。そのとおりです。非暴力抵抗は負けるかもしれません。それは戦争も同じです。どんな方法をつかっても必ず勝つということはありません。けれども非暴力運動が現実的に力があることは確かです。

非暴力運動で成功したほかの例を紹介しましょう。

「弾圧的な政府が力を持てるのは、協力する人がたくさんいるから」
ということをガンジーは証明した

マーティン・ルーサー・キング牧師の名前はきいたことがありますか？　アメリカの黒人（有色人種）に対する差別撤廃を求める公民権運動に大きな役割を果たした指導者です。キング牧師が差別に対する反対運動にかかわったのは、１９５５年、アラバマ州のモンゴメリー市でのバスのボイコット運動からです。当時、州の法律によって、黒人はバスの後ろのほうの有色人種用の席に座らなければなりませんでした。前の席が空いていれば座ってもいいけれど、白人が座ろうとすれば譲って後ろに行かなければならないという法律だったのです。

キング牧師の教会に通うローザ・パークスという女性が、バスの前のほうの席に座っていたところ、あとから白人が乗ってきて、彼女は「後ろに行け」と言われたけれども席を立ちませんでした。そのため彼女は逮捕されました。教会の人たちが怒りだして、バスに乗らない運動をはじめました。バスで通勤している人が非常に多かったのですが、車を持っている人がほかの人を送るなどして、みんなでバスには乗らないようにしました。

そうして1年以上その地域の黒人のほとんどだれもバスに乗りませんでした。そして、勝ちました。バス会社が赤字になったからです。黒人が乗らなければバス会社は黒字にならない。これは現実の力です。バス会社が政府に圧力をかけて、法律が変えられました。

——おお、すごい。

公民権運動には、レストランなどの白人専用の席に座って、ウエイターが来ないから何時間もずっと座っている、という方法もありました。そうするとほかのお客さんが入れないし、人々の注目も集めてレストランは困ります。また、人種差別している店の前にいて、来た人に「この店でものを買わないで」と言ったり、デモ行進もしました。公民権運動は非暴力の方法をいろいろ工夫しました。

運動は非暴力でしたが、このときも警官や人種差別主義者によって殴られたり、催涙《さいるい》ガスをかけられたり、殺されることもありました。ガンジーが言っているように心の弱い人はできません。けれども、自分では暴力を使わない。結局それが力になりました。最終的に議会を動かして公民権法案が制定され、すべての州で人種隔離法《じんしゅかくりほう》はなくなりました。

——非暴力運動なのに、やってる人は暴力を受けるなんて。

そうじゃない例もあります。カリブ海にあるプエルトリコの離島ヴィエケス島でのこと

アメリカの公民権運動では
非暴力で人種差別の法律をなくした

です。プエルトリコはアメリカ合衆国の海外領土で、ヴィエケス島は3つに分けられ、ひとつは住民が住み、ひとつは海軍基地、ひとつは海軍の実弾演習場となっていました。演習場には海軍が海や空から攻撃し、住民はずっと怒っていましたが、1999年、爆弾がそれてガードマンとして勤めていたヴィエケスの人が殺される事件がありました。

それで頭にきた住民たちは米軍を止めようとしました。ヴィエケスの人たちはだいたい漁師ですから小さい船を持っています。米海軍の大きな船が来たら、それに自分の船をぶつけて、ぐーっとちがう方向に向けようとしました。小さな船なのであまり影響はありませんが、大きな船は甲板《かんぱん》から真下が見えないから、兵士たちはなにが起こっているかわからなくて怖い。米軍が小さい船をだして追いかけることもありましたが、彼らは漁師ですからどこに岩があるかはよくわかっているので岩の間に入って逃げ、米軍の船は岩にぶつかって座礁します。これも彼らにとって非暴力でした。

そして、フェンスを切って大勢で実弾演習場に入り込んで、座り込みをしました。基地の一ヵ所でわいわい騒いで警備を集めて、その間に別のところから入り込むということをやりました。米軍は人がいるところには撃てませんから演習ができなくなります。

この運動のリーダーだった人の話をきく機会がありました。いろいろ考えて、フェンスを切る人となかに入る人は別にしたそうです。フェンスを切る人は顔をかくして切って逃げます。この人は見つかりません。なかに入って座り込みをする人はフェンスを切る犯罪はしていないので、罪が重くならずにすみます。彼によると260人くらいが逮捕されて牢屋《ろうや》に入ったそうです。

結局、海軍は演習場をフロリダ州に移設しました。演習場がなければ、役に立たないので基地もなくなりました。小さな島の住民たちが勝って、海軍を追いだしたのです。

この方法は日本でもありました。富士山の北側に実弾演習場がありますが、ぼくは海兵隊にいたときそこに行って演習をしようとしたら、「待って。また彼女たちが入った」と言われて待たされたのを覚えています。地元の女性たちがしばしば入ってきて演習をじゃましていたのです。

――沖縄でも非暴力抵抗をやってるの？

新しい基地を建設予定の辺野古《へのこ》では、大浦湾の海底の地質調査をじゃまするために、シーカヤックを使って海の上で座り込みをしました。基地建設に反対する平和部隊の人たちが、シーカヤックの使い方を習得したりダイビングの免許をとったりして、ものを壊さないで、ただ人の間に入るなどしてじゃましました。2006年の調査は、それでだいぶ遅れました。このときは、ひとりが逮捕されてひと晩くらい留置されました。

辺野古には、いちど海上自衛隊がきました。艦船《かんせん》が近くにきただけでしたが、軍隊の船がきたことは脅《おど》しになります。自衛隊が初めて日本国民を威嚇《いかく》したときだったと思います。また、北部の高江《たかえ》集落に隣接する米軍の北部演習場で、新たに6つのヘリパッドがつくられようとしていて、周辺の住民と彼らを応援している人たちは座り込みをして建設をじゃましています。去年、ヘリパッド建設工事のための道路を基地のなかにつくっていたときは、砂利をいっぱい積んだトラックがくると、道に座り込んで通しませんでした。トラックを運転しているのはアルバイトの人で、そこにいる人たちと口論したり説得したりするつもりも、気持ちもありませんから、近くの道の側に砂利を下ろして帰りました。すると、彼らはその砂利が使えないように、その上に座り込んでいました。

――殴られたり殺されたりしなくても、やっぱり根性がないとできないね。

はい。現実的になにかを変えようとするなら、完全に安全で絶対につらくならないような効果的なやり方はないと思います。でも、がんばって非暴力抵抗で勝った人たちも大勢います。軍隊にたいして国を守ったこともあります。つぎにそんな例を見ていきましょう。

2

非暴力抵抗で国が守れるの？

――非暴力で、どうやって軍隊にたいして国を守ったの？

第一次世界大戦後のドイツでのことです。戦争に負けたドイツには巨額の賠償金《ばいしょうきん》を払う義務がありましたが、払いきれずにいた１９２３年1月、フランスとベルギーの軍隊がドイツのルール地方を占領しました。炭鉱《たんこう》地帯であり工業の中心でもある地域を軍の管理下において、石炭を確保するか、占領によって圧力をかけてドイツ政府に賠償金を払わせようという目的でした。ドイツのワイマール政権は占拠の数日前に、軍を出さないで非協力抵抗という政策を決め、人々に呼びかけました。

いくら炭鉱のある地域を占領しても、フランスが賠償金の代わりに石炭を手に入れるには、ドイツの労働者が石炭を掘って、運ばなければなりません。でも、炭鉱労働者も鉄道

ドイツ市民による非暴力抵抗でフランスとベルギーの軍が撤退した

労働者もフランスのために働きませんでした。さらに労働者たちは鉄道の機械をばらしはじめ、行政機関も動かず、多くの商店ではフランスとベルギーの兵士に物を売りませんでした。逮捕《たいほ》者が出ると裁判所の前で大きなデモがありましたが、取り締まらせようにもドイツの警官も言うことをききませんでした。

働かなければ食べものが手に入りません。占領軍は台所のようなところをつくってスープを配りましたが、ドイツの人たちはお腹が空いていたけれども食べに行きませんでした。検閲《けんえつ》も行われましたが、占領反対の新聞は発行されつづけました。占領軍は非協力抵抗をしている人をギャングや犯罪者をつかって殴らせたりしました。裁判なしの監禁、処罰としてのむち打ち、財産の没収もありました。殺される人もあり、食べものがたりなくてたいへん苦しい状態でしたが、人々はフランスのために働きませんでした。

占領軍に爆弾が投げられたりということも少しありましたが、だいたいにおいて非暴力の抵抗がつづきました。しばらくすると、ベルギーとフランスのなかにもドイツの市民を苦しめるこの占領に反対する市民がでてきました。9月、非協力抵抗政策があまりにも人々を苦しめていたため、ワイマール政府は抵抗運動を終えることを決めましたが、それでも非協力抵抗はつづきました。結局、フランスとベルギーはあきらめました。1924年8月に撤退を決め、1年後までに撤退が終わりました。占領は成功しませんでした。

ドイツ政府が途中で非協力政策の終了を宣言したので、この政策は失敗したという人もいますが、実際に、フランスとベルギーはあきらめて占拠をやめました。非協力抵抗で、侵略した軍隊を追いだしたのです。

――ドイツ政府はどうして軍を出さないで非協力抵抗政策にしたの？

当時第一次世界大戦に負けたドイツには十分な軍事力がありませんでしたから、かりに軍隊をだしても勝てる見込みがありませんでした。もしドイツが軍隊をだしていたら、フランスが勝っていたでしょう。占領軍として駐留《ちゅうりゅう》したフランスの将軍はのちにドイツの作家にインタビューされて、こう言いました。「その状況で私はどれだけ困ったか、あなたは想像できないでしょう」。つまり、軍隊はほかの軍隊と闘うための戦略を持ち訓練もしている。だからドイツが軍隊をだせばどうすればいいかはわかります。しかし、市民による抵抗には軍隊には戦略がありませんから、どうすればいいかわからないのです。

これはガンジーが言っていることに非常に似ています。このようなやり方を使うと軍は混乱します。戦場でなら、兵士は訓練どおりに働くことができますが、生活空間のなかで、普通の人が非暴力で抵抗すると、ひとりひとりの兵士は混乱します。

ベルリンの人たちみんなが働かないで経済をとめ
クーデター政府は数日しかもたなかった

さらに効果があったのは、この抵抗運動で行われた占領軍兵士に対する社会的な抵抗でした。たとえば、フランス軍兵士が休みのとき飲み屋に入ると、そこにいるドイツ人が全員店を出るとか、挨拶《あいさつ》されても返事しないとか。こういうことは、嫌われていることがわかりますから、ひとりひとりの兵士にとってつらいものです。

次の例は、この3年前、ワイマール共和国ができたばかりのドイツでのことです。

1920年、ウォルフガング・カップがドイツの軍隊と陰謀《いんぼう》をくわだててクーデター（暴力的に政権を奪うこと）を起こしました。目的は、ドイツの新しい共和国憲法をつぶして、帝政を復活することでした。3月13日、軍隊がベルリンを占拠します。ベルリン警察はクーデター側について、大統領と政府の人たちはベルリンから逃げたので、カップのグループは新政府の樹立を宣言しました。シュトゥットガルトに逃げたワイマール政権政府は、新聞やラジオを通して、人々にカップに協力しないよう呼びかけました。

クーデター軍が新聞社の建物を占拠すると、ベルリンのすべての印刷所はストライキに入りました。ワイマール政権の呼びかけに応《こた》えてほかの労働組合もストライキをして、数日後には、すべての労働組合、すべての商店、すべての公共機関、町全体がストライキに入り、だれも働かなくなり、ベルリンの経済が完全にとまりました。電気も水道もゴミ収集といった生活基盤にかかわることもすべてとまりました。

公務員も、官僚も働きませんし、国会も動きません。銀行もカップにお金をだしません。カップ政権は政府として機能しませんでした。カップは13日にベルリンに入って17日にはスウェーデンに逃げました。4日間で終わりました。

――よくみんなが呼びかけに応えて働かなかったね。

人々は独裁政権はほしくなかったし、カップには人気がありませんでした。それに当時のドイツの労働組合はとても力があったからできたのです。本当にみんなが働かなければ、経済も行政も完全にとまります。完全な非協力だったらお手上げです。「政府は人が協力しなければなにもできない」というガンジーの原理がここでも証明されました。

次の例に進みましょう。

非暴力抵抗は心ある人には効果があるけれども、ナチスに対して使えないという決まり文句があります。それに関して2つの実例があります。

ひとつはノルウェーでのことです。ドイツ軍に占領されて、ナチスドイツの傀儡政権《かいらいせいけん》ができていました。傀儡政権とは強い国が弱い国を権力の下におくためにつくる、自分の言うことをきく政府で、強い国がひもをひっぱったらその通りにうごく政権です。

——あやつり人形みたいに？

そうです。英語で、「あやつり人形政府（puppet government）」と言います。ノルウェーの傀儡の大統領はクヴィズリングという人でした。あまりにみごとなあやつり人形だったので、傀儡政権のことを「クヴィズリング政権」とも言うようになったくらい、熱心にドイツの言うことをきいていました。

熱心でしたから、ノルウェーを独裁的な社会に変えていこうとしました。

自由な社会には、政府と関係のない、あるいは政府を批判する組織がたくさんあります。政府から独立した組織、政治と関係ない組織、あるいは自分で考えて自分で判断する新聞とか、宗教団体とか、テレビ局とかラジオ局とか。ナチスドイツ、ファシスト政権のイタリア、軍国主義の日本、スターリニズムのソ連、みんなそうでしたが、独裁的な社会になると、すべての組織がつくりなおされて、国全体がすべて政府が言っていることを中心にしなければならなくなりました。これを全体主義と言います。

クヴィズリングはノルウェー社会をそのようにつくりなおそうとしました。まず、すべての学校でナチス教育をするために、教師の組合をつくりなおしました。ノルウェーには

1万2000人の教師がいましたが、そのうちの8000〜1万人くらいの教師が新しい組合に「ファシスト教育には協力しないし、新しい教師の組合には入りません」という手紙を送りました。仕事を失うぞ、と脅すために政府が学校を1ヵ月休みにすると、教師たちは自宅で教育活動をつづけました。

この抵抗のニュースは社会にひろがりました。1000人くらいの教師が逮捕され、彼らが収容所に向かう列車に乗せられるとき、子どもたちが駅に集まって歌を歌ったといいます。収容所では教師たちは非常にきびしい拷問《ごうもん》のような扱いを受けましたが、ほとんどだれも屈しませんでした。学校が再開されたとき、逮捕されていなかった教師たちは、逮捕されるという噂《うわさ》に屈せずに、自分は良心に従うと生徒たちに言いました。収容所にいた教師たちの非常に厳しい状態に、かえって開き直ったのです。

逮捕から8ヵ月、政府は収容所にいる教師を釈放《しゃくほう》せざるを得ませんでした。

結局、ヒトラーがクヴィズリングにあきらめるようにと言いました。

——えー、ヒトラーがそんなこと言ったの?

クヴィズリングが政策をつづけても、社会の反発が高まるばかりと判断したのでしょう。

政府がナチスのあやつり人形になっても教師たちは信念をつらぬいて教育を守った

教育だけでなく社会全体をファシズムの組織、全体主義の組織につくりなおそうとするその政策全体をあきらめるようにと言いました。

これは、ナチズムに対する非暴力抵抗の成功です。完全に追いだしたわけではないけれど、ファシズムの社会にはなりませんでした。教師がそれぞれ信念にもとづいた教育をすれば、政府がナチスになっても本当の教育をやりつづけることができるという例です。

もうひとつ、ナチスに対抗した例がデンマークにあります。

『イェルサレムのアイヒマン』という本があります。ドイツ生まれのユダヤ人で、ナチスの迫害を逃れてアメリカに亡命した哲学者ハンナ・アーレントが、戦後、ホロコーストの中心的人物だったアイヒマンのイスラエルによる裁判をレポートしたものです。

このなかで、彼女が「政治学の授業で必修にすべき」として、デンマークの非暴力抵抗について細かく紹介しています。

１９４０年、デンマークはドイツに占領されましたが、独立国家の性格がのこっていました。デンマークにはユダヤ人を敵視し差別する反ユダヤ主義はあまりありませんでしたから、当時デンマークにいた７８００人のユダヤ人のうち、１４００人がドイツからの亡命者でした。

ドイツでは、ユダヤ人に黄色いダビデの星のバッジをつけることを義務づけていましたので、ドイツ政府は、まず、デンマークでもそうするように命令しました。けれども、デンマーク政府は「それならまず国王がつける」と言って命令に従いませんでした。

――国王もユダヤ人だったの?

いいえ。そう言って断ったのです。

つぎにドイツ政府は、亡命ユダヤ人はドイツ国籍もデンマーク国籍もない「国のない人間」だから、この亡命ユダヤ人をドイツに送るように命令しました。ドイツは占領下においたほかの国々からそれぞれユダヤ人を送らせ、収容所に送って殺していました。ところが、ほかの国とちがってデンマーク政府は、「ドイツ国籍がないからドイツは命令する権利はない。亡命ユダヤ人をどうするかは、デンマーク政府が決める」と言ってなにもしませんでした。そのため、この命令は1943年に延期されます。

1943年になるとドイツは負けはじめていました。すると船の修理をする労働者たちが、「もうドイツの船は直さない」とストライキを起こしたので、デンマークにいるドイツ軍司令官ワーナー・ベストは戒厳令《かいげんれい》を出します。これで、デンマークのユダヤ人をドイツに送ることができるかと思われましたが、2つの問題がありました。

ひとつはデンマークの人たちが協力しないこと、もうひとつは3年間デンマークに住んでいるドイツの軍隊や官僚が変わりはじめていたことです。ユダヤ人差別が当たり前ではない社会の影響を受けて、ユダヤ人の移送にあまり熱心でなくなっていたのです。

すると、ドイツ政府はナチスのばりばりのユダヤ人専門家、ローフ・ギュンターをデンマークに送り込みますが、ギュンターがきても事態はうごきませんでした。そこで、ギュンターはドイツの警察をデンマークにこさせて、一軒一軒さがしてユダヤ人を引っ張り出して、ドイツに送る計画をたてました。

それにたいして、司令官のベストが、「人家のドアを壊して入ってはならない。そんなことがあれば、デンマーク警察が逮捕するかもしれない」と言ったので、ドイツ警察はユダヤ人が自分からドアを開けないとなにもできなくなりました。また、計画はユダヤ人共同体のリーダーに情報がもれていました。ベストがもらしたと考えられています。そのため、ドイツ警察は7800人のユダヤ人のうち、477人しかみつけられませんでした。

情報をうけた多くのユダヤ人は自分の家から逃げて隠れました。反ユダヤ主義が強くないデンマークでは多くの市民がユダヤ人をかくまってくれたのです。ユダヤ人たちはドイツに占領されていない対岸のスウェーデンに渡ることにし、デンマークの漁師たちが協力しました。スウェーデンへの移動にはちょっとお金がかかりました。だいたいひとり

100ドル。これはとっても安い。ほかの国だったら、5000ドルか1万ドルは必要でした。こうして、1ヵ月の間に5919人のユダヤ人亡命者をスウェーデンまで送りました。

——デンマークの人たち、かっこいいね。

アーレントはこの例について、「私たちが知るかぎりナチスのやろうとした計画に対してのオープンな抵抗の唯一の例」としています。『シンドラーのリスト』のシンドラーのように別の理由をつけるとか、能率よく働かないとか、命令の書類をなくすとか、ナチスに対して、「はい。やります」と言いながら、かくれてさぼる例はいろんな国にありました。

でも、デンマークだけは堂々と協力しませんでした。ダビデの星をつけさせるのを断った。すると、ばりばりの反ユダヤ主義のドイツ人の心が揺れます。「え？」と混乱するのです。そして、ユダヤ人をぜんぶ殺すという計画が当たり前でなくなって、疑問を持ちはじめた人が軍のなかにもいたし、司令官のベストも混乱しました。

——ベストさんが変わったのがすごいね。

デンマークの人は堂々とナチスに協力しなかった
すると反ユダヤ主義のドイツ人たちが混乱した

デンマークの人たちが抵抗したというのが大事ですし、その抵抗によってナチスの人たちが変わりはじめました。ぐるっと180度変わったわけではないけれど、ユダヤ人差別をやめないまでも、全員殺すということまでやらなくてもいいんじゃないかと思う人もでてきました。ナチスにも非暴力抵抗がある程度伝わったのです。ぜんぜん影響されなかった人もいたかもしれませんが、デンマークでは影響された人もいました。

――「やれ」と言われて言うことをきいてしまうと相手に力を与えてしまうけど、協力しないと相手に影響を与えることもあるんだね。

ここで誤解しないでください。ほとんどの国のほとんどの法律は守るべきです。ただ、「法律」と「良心」とはちがいます。国会は法律を決めるとき、それぞれの議員の良心を参考にして決めるでしょう。だから「殺人はいけない」や「泥棒はいけない」は良心的なルールであり、法律でもあります。しかし時々、法律と良心が矛盾することがあります。

以前ぼくの国アメリカの南部では、奴隷《どれい》制は合法でした。奴隷が逃げたとき、逃げた奴隷を助けたり食べ物をあげたりすることは犯罪でした。すると、奴隷制は自分の良心に反すると思っている人は、法律に従うか良心に従うか、決めなければなりませんでした。当時、法律違反だとわかりながら、逃げた奴隷を助ける人がいました。今はその人たちはとても偉かったと評価されています。同じように、ガンジーは、インド人には植民地政府がつくっている法律に従う義務はない、逆に良心的な人は従わないべきだと考えました。大勢のインド人がその考えに説得されて、インドは独立できました。

もし自分の国の政府が、自分の良心が許せない戦争を仕掛けて、協力しろと命令することがあれば、良心に従うかその命令に従うかを決めなければなりません。自分の良心を選ぶ人は「悪い人」「恥じるべき人」ではありません。

大勢の人が良くない戦争に協力しなければ、それは大きな力になって、政府の政策を変えるぐらいの力になるかもしれません。しかし協力しないのが少人数であっても、大きな意味があります。ひとつは、その時代に反対することが可能だった、という事実を歴史の記録に残します。もうひとつは、その暗い時代にでも、自分らしさを失わなかった、ということです。

「愛国心が足りない」と言われても、自分の国のまちがった政策を正そうとすることが、なんでも命令に従うより、立派な愛国心です、という答えがあります。

おわりに

この原稿を書いている２０１４年５月現在、自民党政府は「解釈改憲」というやり方で、日本の平和憲法を変えようとしています。つまり、「戦争を永久に放棄《ほうき》する」という言葉を「戦争はできる」と「解釈」しようとしています。政府がそれに成功するかどうか、今のところわかりません。日本の平和勢力はそれを止めるかもしれません。もし止めたら、それは平和勢力の大勝利になります。

けれども、自民党政府は「解釈改憲」に成功するかもしれません。そうすれば、日本の戦争をしない「戦後時代」は終わり、別の時代に入ります。交戦権（戦争で人を殺す国家の権利）は復活し、徴兵制も復活するかもしれません。そして若者の将来も変わります。平和憲法の下にあった70年の間、若い人は自分の将来を考える時、「戦争になったらぼく／わたしはどうなるだろう」とあまり考える必要はありませんでしたが、自民党政府がつくろうとしている新しい時代には、それを考えざるを得なくなるでしょう。日本に住むことの意味は大きく変わるでしょう。

しかしそうなったとしても、日本から平和主義、平和勢力、平和運動がなくなるという意味ではありません。日本以外の国の多くは戦争ができて、軍隊を持っていますけれども、そのそれぞれの国には平和主義や（自由のある国には）平和運動があります。日本がもし戦争のできる国になったら、平和運動がなくなることはないけれども、形は変わるでしょう。

ぼくはそのような戦争ができる（実際に、次々とやっている）国に生まれ育ちました。ぼくには自民党の政治家の考え方がよくわかります。なぜなら、それは60年前に高校生だったときのぼくの考え方とだいたい同じだからです。そのあと、ぼくは自民党の政治家があまり経験したことのない経験をして、今のような考え方になりました。どのように考え方が変わったかということは、参考になるかもしれませんので、お話ししましょう。

ぼくは、サンフランシスコに生まれ育ちました。高校3年のとき、海兵隊と契約を結びました。大学の4年間、ある程度の奨学金《しょうがくきん》をもらう代わりに週に1回軍服を着て登校し、卒業後に海兵隊で少なくとも3年間勤めるという契約です。理由はさまざまありました。ひとつは、親にそんなにお金がなかったこと。ひとつは1950年代の冷戦まっただなかで、そういう社会の雰囲気と教育を受けて、国を守るために軍事力は必要だと思って、そう思うなら志願するものだと思ったこと。もうひとつは海兵隊はかっこいいと思ったこと。

大学で勉強をして、週にいちど軍事科学の教育を受けながらいろいろ考えました。卒業するころには、軍隊に入ることに疑問もあったけれど、契約を破るほどではなかったので予定どおり入隊しました。それに、とにかくサラリーマンになりたくなかった。大学でスキー部だったからスキーのインストラクターでもよかった。軍隊だったら体を使うから、そういう魅力もありました。

海兵隊に入ってからの仕事は、将校なので司令官として30人くらいの部隊の訓練をすることです。戦争のないときは、軍隊は毎日訓練しているのです。模擬《もぎ》戦争もやるし、銃の訓練とか、穴の掘り方も訓練します。1年めはヴァージニア州の基地、2年めはカリフォルニア州の基地、3年めは沖縄の基地で任務につきました。とても運がよくて、その3年の間にアメリカは戦争にかかわりませんでした。朝鮮戦争が休戦して、ベトナム戦争に米軍がまだあまりかかわっていなかった。アメリカの戦後の歴史のなかで非常にめずらしい3年間でした。

軍隊生活でいちばんつらかったのは、大学在学中に受けた基礎訓練です。海兵隊の基礎訓練は有名ですが、いわゆる洗脳にちかい。普通の人を兵士につくりなおすためのものですから、非常にはげしい訓練です。精神的にも肉体的にも。専門の軍曹《ぐんそう》もいて、顔の真ん前、鼻がぶつかるくらいちかくから悪口をえんえんと叫びます。訓練兵は絶対動いてはいけません。映画で見たことがあるかもしれませんね。

権威《けんい》のあるのは、海兵隊の上司だけで、命令には絶対服従です。でも、上官は不可能なことを命令します。2つのことを同時にしろ、とか。ぜんぜん意味がないけれど、言うことをきかなければなりません。ある人は、言うことをきかなかったから、木の枝をひっぱって、「これをおれが帰ってくるまで持っていなさい」と言われて持っていました。でも、その上官は忘れて、帰ろうとして気がついた。訓練兵は5時間くらいずっとそれを持っていました。

いちばんきつかった1週間は、月曜日から土曜日の午後までで寝たのはあわせて5時間。徹夜と2時間とか3時間寝て、また徹夜。遅くまで外で訓練して、泥だらけで深夜1時に帰ってきて次の朝7時から点検があるから、泊まっている部屋と服とライフルを全部完璧《かんぺき》にしておかなければなりません。だから、午前1時からシャワーして、泥がついている床を拭《ふ》いて、銃を完璧にきれいにして、トイレもシャワーも全部きれいにして、最後は雑巾《ぞうきん》ではきれいにならないから、自分のタオルをだして床を拭きました。

でも、朝になると司令官が入ってきて、電灯のガラスにほこりが入っていたと言って、それをはずしてぼくたちが整列しているところに投げました。ぼくたちカリフォルニア大学から行ったグループはどうやってサバイバルしたかというと、ユーモアにまわしました。土曜日の午後と日曜日は休みだったから、ビールを飲みながらどれだけ面白かったか、笑い話につくりなおしていました。

でも戦争はなかったから、きついスポーツみたいな感じです。命をかけることはないし、だれも死ぬことはありませんから。

海兵隊員として1年間日本復帰前の沖縄にいていちばん感じたのは、基地のなかにいると、外の人との健全な人間関係はつくれないということ。制服を着ているかぎり、まともな人間関係はつくりにくい。ぼくたち米軍は、個人的に優しいか優しくないかに関係なく、アメリカ帝国の占領軍でした。1年経って除隊の時期になったとき、せっかく1年間アジアに住んでいてなにも学んでない。わからないままアメリカに帰るのはなんかおかしいと思って、残ることにしました。「残る」といっても、そのときは沖縄と日本の区別がよくわからなかったから、結局関西に行って大阪外国語大学で日本語を勉強しながら2年間関西にいました。

関西にいたとき、留学生がたくさんいましたが、アメリカからの白人の男は僕とあとひとりしかいませんでした。ほとんどの学生は東南アジアとか中南米とか香港《ホンコン》、フィリピン、トルコ、いろんなところから来ていてとても面白かったです。当時の日本人学生からは、海兵隊をやめたばかりの中産階級のアメリカの白人に言いたいことがある、といってたくさんお説教されました。

「はじめに」でもふれましたが、ほとんど全員が「私たちは戦争を知っている。私たちは二度と戦争には行かないし、子どもたちにも行かせない。それは、日本国憲法第9条に書いてある」と話してくれました。

けれども、ぼくはそう言われても説得されませんでした。ぼくが生まれたあと、アメリカの中はいちども戦場になったことがなかったし、ぼくが海兵隊だった3年間にはアメリカは大きな戦争に参加していなかったので、ぼくには戦争の経験がありません。だから、そう言われてもなんのことかピンときませんでした。

そのあとカリフォルニア大学にもどって大学院に入りました。ちょうどそのとき公民権運動がもりあがっていて、大学でも学園闘争があって、それにだいぶ巻き込まれました。そして米軍がベトナム戦争にかかわりはじめて、反戦運動がはじまると、だんだん、大阪外大の学生が言っていた意味がわかりはじめました。

この体験から学んだのは、人の根本的な考え方は1日で変わるわけがない、ということです。1冊の本を読むとか、人と1時間話すことで、自分の根本的な信念がぐるっと別なものになることはない。自分の信念は論理の結論だけじゃなくて、感情にもなっているし、意識の深いところに根を下ろしているから、議論に負けてもすぐには変わらない。考えてみれば、議論に負けるたびに根本的な考え方が変わるならば、その人は信頼できません。

ときには、1冊の本を読んでぐるっと考え方が変わる人がいるかもしれません。その場合は前の準備が数年間つづいていたはずです。ぼくの場合は、大学時代に疑問がわいてきて、3年間海兵隊をやりながら疑問を感じながら、疑問を抑えながら仕事をしていました。海兵隊をでてから数年後、大学院在学中のベトナム反戦運動のときにぐるっと変わりました。

つまり、ぼくは日本の平和憲法から大きく影響を受けて、今のような考えになりました。そうは言っても、もし平和憲法がなくなっても、高校時代の考え方へ戻るつもりはありません。日本の平和主義者もそうでしょう。絶望するのではなく、その新しい状況、新しい時代に、どのように自分らしさを守り、どのように対抗するかを考えながら頑張りつづけるでしょう。

C・ダグラス・ラミス

C.Douglas Lummis

1936年サンフランシスコ生まれ。カリフォルニア大学バークレー校卒業。1960年に海兵隊員として沖縄に駐留。61年に除隊、80年より津田塾大学教授。2000年同大学を退職、沖縄に拠点を移し、以後、沖縄国際大学で教えるほか、執筆や講演などを中心に活動。主な著書に『要石：沖縄と憲法9条』（晶文社）、『ガンジーの危険な平和憲法案』（集英社新書）、『経済成長がなければ私たちは豊かになれないのだろうか』、『［増補］憲法は、政府に対する命令である。』（ともに平凡社）など。

この本は市川はるみさんが、数日間かけて私にインタビューしたものをもとに、出版可能な文章にまとめたものです。心から感謝します。とはいえ、事実その他の間違いがあれば、それは私の責任です。

C・ダグラス・ラミス

中学生の質問箱
戦争するってどんなこと？

発行日　2014年7月9日　初版第1刷
　　　　2016年7月15日　初版第4刷

著　者　C・ダグラス・ラミス
編　集　山本明子（平凡社）
構成・編集　市川はるみ
発行者　西田裕一
発行所　株式会社 平凡社
〒101-0051 東京都千代田区神田神保町3-29
電話　03-3230-6583（編集）
　　　03-3230-6573（営業）
振替　00180-0-29639
平凡社ホームページ http://www.heibonsha.co.jp/

装幀＋本文デザイン　坂川栄治＋坂川朱音（坂川事務所）
DTP　柳裕子
印刷・製本　中央精版印刷株式会社

ISBN978-4-582-83666-0
NDC分類番号390　四六判 (18.8cm)　総ページ224
乱丁・落丁本のお取替えは直接小社読者サービス係までお送りください（送料は小社で負担します）。